Raúl Ruiz Cecilia

Lenka Birová

ENSEÑANZA DE LENGUAS EXTRANJERAS Y BIENESTAR DOCENTE

THE FLIPPED CLASSROOM

Granada, 2025

COLECCIÓN
ENSEÑAR Y APRENDER

Director de la colección:
Miguel Ángel del Arco Blanco

ENVÍO DE PROPUESTAS DE PUBLICACIÓN

Las propuestas de publicación han de ser remitidas (en archivo adjunto de Word) a la siguiente dirección electrónica: libreriacomares@comares.com. Antes de aceptar una obra para su edición en la colección «Enseñar y Aprender», ésta habrá de ser sometida a una revisión anónima por pares. Los autores conocerán el resultado de la evaluación previa en un plazo no superior a 90 días. Una vez aceptada la obra, Editorial Comares se pondrá en contacto con los autores para iniciar el proceso de edición.

Este trabajo se ha realizado en el marco del proyecto I+D+i: PID2021-128341OB-I00 financiado por MICIU/AEI/10.13039/501100011033/FEDER, UE.

Maquetación: Miriam L. Puerta

© Raúl Ruiz Cecilia
© Lenka Birová

© Editorial Comares, 2025
Polígono Juncaril
C/ Baza, parcela 208
18220 Albolote (Granada)
Tlf.: 958 465 382
http://www.editorialcomares.com • E-mail: libreriacomares@comares.com
https://www.facebook.com/Comares • https://twitter.com/comareseditor
https://www.instagram.com/editorialcomares

ISBN: 978-84-1369-756-7 • Depósito legal: Gr. 226/2025

Impresión y encuadernación: COMARES

A ti que tienes paciencia para escuchar mis silencios.

SUMARIO

INTRODUCCIÓN

La situación mundial está cambiando y el mundo de la educación tiene que adaptarse también. Esto es especialmente cierto para la educación formal si quiere seguir siendo relevante. Después de todo, pocos estudiantes entran en las instituciones educativas simplemente por amor al aprendizaje. La gran mayoría invierte su tiempo y energía porque creen que adquirir conocimientos más profundos y desarrollar más habilidades en un campo concreto les facilitará la experiencia laboral futura, les dará mejores oportunidades de trabajo y mejorará su calidad de vida. Habilidades como el pensamiento crítico, la alfabetización tecnológica, la adaptabilidad, la creatividad o la capacidad para comunicarse y colaborar dentro de la sociedad local, pero también intercultural, han llegado a ser ampliamente reconocidas como factores clave para el éxito de un individuo en un mundo en rápida evolución, globalizado y lleno de tecnología como en el que vivimos hoy en día. La sociedad educativa es muy consciente de esta realidad. Durante muchos decenios hemos asistido a la aparición de un espectro de teorías y metodologías educativas construidas sobre la necesidad percibida de un cambio en lo que el alumnado de cualquier edad necesita aprender para tener éxito en su vida futura, y en cómo debe aprenderlo de la manera más eficaz y eficiente.

De Maria Montessori a Eric Mazur, de Francis Parker a Ken Robinson, de Helen Parkhurst a Bergmann y Sams, los educadores de todo el mundo han reconocido la necesidad de que el aprendizaje y la enseñanza se adapten a la realidad del mundo actual, antes y ahora. Esto también se ha reflejado en las legislaciones oficiales locales, estatales y de comunidades más amplias, así como en las recomendaciones sobre cómo debería impartirse idealmente la educación. El Consejo de la Unión Europea ha identificado las aptitudes y competencias prioritarias para la empleabilidad, la innovación, la ciudadanía activa y el bienestar en la actualidad, basándose en las competencias clave establecidas anteriormente, definidas como *aprender a aprender, competencia digital, competencias sociales y cívicas*, y *comunicarse en una lengua extranjera* (EUR-Lex 2016) entre otras.

El campo de la enseñanza de idiomas no es una excepción. La globalización se encuentra en su máximo histórico y el mundo está más interconectado que nunca. Personas de todas las clases sociales viajan, por ocio o por trabajo, conocen a personas de todas las nacionalidades y entran en contacto con hablantes de lenguas extranjeras a diario. La migración entre distintos países se ha convertido en algo habitual. E incluso los que se quedan en casa suelen entrar en contacto con lenguas extranjeras a través de la música, las películas o la dosis diaria de noticias que encuentran en internet. El conocimiento de lenguas extranjeras se ha vuelto más importante que nunca.

El sistema también ha reconocido la relevancia del multilingüismo. El aprendizaje de lenguas extranjeras es una norma en los sistemas educativos de todo el mundo. En la UE, el multilingüismo se promueve y apoya oficialmente para reforzar el entendimiento intercultural, pero también para contribuir a la movilidad, la empleabilidad y el desarrollo personal de los ciudadanos europeos (Council of Europe, 2014). El aprendizaje de lenguas extranjeras ha sido catalogado como una habilidad estratégica con un impacto significativo en la empleabilidad y el éxito profesional, así como en la comprensión cultural y la vida social.

A pesar de los objetivos proclamados oficialmente, aún queda mucho por hacer. Persiste la necesidad de innovar y mejorar las prácticas de enseñanza de lenguas extranjeras. Todavía hay muchos estudiantes que siguen aprendiendo las reglas gramaticales mediante ejercicios orientados a la memorización o con listas de vocabulario pero que en situaciones comunicativas reales no saben pedir indicaciones en la lengua extranjera. Un alto número se bloquea cuando se les pide que reaccionen en la lengua extranjera incluso a las preguntas más sencillas. Si el alumnado estudia una lengua extranjera durante cinco años, pero no es capaz de leer un artículo de periódico, algo va mal.

Al mismo tiempo, el uso cotidiano de la tecnología se ha convertido en una norma. La tecnología no sólo es más avanzada, sino también más barata y accesible que nunca. La tecnología de consumo podría y debería ayudar a los procesos educativos, sin embargo, para que esto ocurra, los docentes tendríamos que dejar de verla como una distracción en el aula y empezar a explorar su potencial. Aunque esto pueda parecer complicado, no es tan difícil como muchos creen, sobre todo con un enfoque didáctico adecuado que nos ayude. En este contexto surge el aula invertida, *flipped classroom*, una novedosa estrategia de enseñanza/aprendizaje que combina el enfoque en la actividad significativa en clase, el uso de la tecnología educativa y la autonomía del alumnado. El tema central de este libro, el aula invertida, tiene una repercusión en el bienestar docente del profesorado que no deberíamos olvidar. La mayoría de las veces, la adopción de un modelo nuevo supone la erosión de elementos afectivos y mentales de la persona. Es por ello que primero se expondrán los principios del modelo ecológico de bienestar docente (adaptado de Bronfenbrenner, 1979 y Mercer, 2020) y que debería ser la base sobre la que se construya y desarrollen nuevas metodologías (en el caso que nos ocupa, el modelo de *flipped classroom*).

1
EL BIENESTAR DOCENTE
Y LA ENSEÑANZA DE IDIOMAS

La revisión bibliográfica realizada por McCallum *et al.* (2017) pone de manifiesto que no existe una única definición consensuada de bienestar docente. Sin embargo, y aunque el bienestar es multidimensional, este se entiende como un estado emocional positivo, resultado de la armonía entre la suma de factores ambientales específicos, por un lado, y las necesidades y expectativas personales de los docentes, por otro. Del mismo modo, el punto de vista de McCallum *et al.* (2017) respeta al individuo y pone de relieve otras características como la proactividad, la humanidad y la fluidez en relación con el bienestar docente. El bienestar es diverso y fluido y tiene en cuenta las creencias individuales, familiares y comunitarias, así como los valores, las experiencias, la cultura, las oportunidades y los contextos a lo largo del tiempo y del cambio. El bienestar es algo a lo que todos aspiramos, respaldado por nociones positivas, pero es único para cada uno de nosotros y nos proporciona un sentido de quiénes somos, algo que debe respetarse.

A continuación, se hace un recorrido por las investigaciones existentes sugiriendo aquellas aportaciones que añaden matices significativos a la naturaleza de este libro. Para algunos autores como Deci y Ryan (2008), el bienestar tiene dos vertientes: hedónica y eudemónica. La primera, ampliamente conocida como bienestar subjetivo, se caracteriza por definirse como la búsqueda del placer y la evitación del dolor. La segunda, eudemónico, se centra en el significado y la autorrealización, dejando que el individuo utilice sus propios recursos para crecer personalmente (Mercer, 2020; Deci y Ryan, 2008). Deci y Ryan (2008) afirman que el bienestar se encuentra plenamente en el individuo, sin estar vinculado a factores o contextos externos. Asimismo, Oishi, Diener y Lucas (2007) indican que el bienestar subjetivo reside y es evaluado por cada individuo.

Day y Qing (2009) explican que el bienestar es un constructo social y psicológico, un estado dinámico en el que destacan habilidades como la creatividad y la creación de relaciones positivas con los demás. En esta línea, La Placa *et al.* (2013) y Mercer (2020) revelan que el bienestar no es sólo subjetivo, sino también objetivo y social. Gillet-Swan y Sargeant (2014) añaden que el bienestar es un proceso, una capacidad que se entrena a lo largo del tiempo para gestionar situaciones, tanto constructivas como desfavorables, y que afecta al estado emocional, físico y cognitivo de la persona. Del mismo modo, Uchida, Ogihara y Fukushima (2015) aseguran que la comprensión del bienestar está ligada al contexto. Estos autores distinguen entre el bienestar de Asia Oriental (más centrado en la armonía social y el cumplimiento de las normas sociales) y el bienestar euroamericano (concentrado en los logros individuales y la autoestima).

Aelterman *et al.* (2007) fueron pioneros en cambiar el enfoque del bienestar del profesorado. Anteriormente, las investigaciones solían dar a conocer los efectos negativos de un bajo bienestar, como el estrés, el agotamiento, la depresión y la ansiedad, a menudo relacionados con el abandono. Estos autores demostraron cómo la experiencia del profesorado es una piedra angular en la percepción de su bienestar (cuanto mayor es la experiencia laboral, mejor es el bienestar percibido). Asimismo, confirman que el apoyo social (o apoyo en el lugar de trabajo) es uno de los factores más importantes a la hora de afrontar situaciones que alteran el bienestar profesional y/o personal. También hicieron hincapié en otros elementos que influyen en la sensación de bienestar del profesorado y que no forman parte del contexto profesional, como la personalidad y los antecedentes personales. Es probable que influyan en la forma en que el profesorado afronta las demandas sociales y su propia praxis docente. Además, llevaron a cabo su estudio siguiendo un modelo holístico de bienestar docente que comprendía tres categorías: aspectos personales, profesionales y sociales. En este sentido, Cook *et al.* (2017) confirman que tener altos niveles de bienestar docente reduce la percepción de estrés y mejora la autoeficacia del profesorado. Además, Yin, Huang y Wang (2016) explican que confiar en los compañeros de trabajo fomenta el bienestar. Roffey (2012) también señala que la resiliencia es un factor clave para el bienestar del profesorado. Es reseñable la opinión de Jin *et al.* (2021) cuando afirman que para enseñar bien, el profesorado necesita estar bien y, para estar bien, necesita recibir un apoyo individual y sistemático que les permita florecer y enseñar al máximo de sus capacidades. Teniendo en cuenta esta tendencia, Diener *et al.* (2010) incluyen ocho dimensiones básicas del bienestar: propósito y significado, relaciones de apoyo mutuo, compromiso e interés, contribuir a los demás, competencia, ser una buena persona, optimismo y sentirse respetado. Por lo tanto, merece la pena examinar el bienestar del profesorado desde múltiples perspectivas holísticas, prestando especial atención a las relaciones sociales (Mercer, 2020) y a las interacciones de la vida privada y profesional del profesorado, ya que los límites suelen ser difusos (Day & Gu, 2010). Del mismo modo, Jin *et al.* (2021) destacan la importancia de investigar el bienestar tanto del profesorado novel, como del que está a mitad o al final de su carrera ya que la percepción del bienestar se deriva de todos y cada uno de los momentos de su vida.

En las tres últimas décadas, el *burnout* docente ha atraído el interés de numerosos expertos en los campos de la psicología y la educación por tratarse de una profesión que suele conllevar altos niveles de estrés y bajos niveles de bienestar profesional (Mercer, 2020; Avey *et al.*, 2010; Chemero, 2003). Basándose en investigaciones recientes (Mercer, 2020; Jin *et al.* (2021), se admite que el profesorado con altos niveles de bienestar enseña con mayor eficacia y es más creativo, contribuyendo positivamente tanto a su crecimiento personal y profesional como al de su alumnado. Del mismo modo, Gregersen *et al.* (2020) reiteran que el bienestar educativo del profesorado influye en su capacidad para establecer relaciones positivas con los distintos agentes implicados, reducir los problemas de disciplina y motivación, mantener la salud física y mental y enseñar al máximo de su potencial.

El enfoque más holístico es el que aplica el modelo ecológico de Bronfenbrenner (1979) a nuestro contexto. Como hemos destacado, el bienestar docente opera y establece conexiones con numerosos sistemas, por lo que se identifican complejas interacciones entre ellos. Price y McCallum (2015) y McCallum *et al.* (2017) también han utilizado este modelo para explorar el bienestar del profesorado según los sistemas propuestos por Bronfenbrenner (1979), encontrando una compleja interacción entre el bienestar de este y su vida personal y profesional. En esta línea de investigación destaca el trabajo de Jin *et al.* (2021). Ellos analizan el bienestar del profesorado de enseñanza obligatoria utilizando una perspectiva ecológica. Los sistemas que establecen son:

— Microsistema: entorno inmediato e interacciones (por ejemplo, el aula donde se imparte clase). Este nivel del modelo ecológico es esencial para configurar el desarrollo de un individuo, ya que da cuenta de las experiencias y relaciones directas que influyen en el comportamiento, las creencias y los valores. En el microsistema, características personales como el temperamento, las capacidades cognitivas y los atributos físicos pueden influir significativamente en el desarrollo de un individuo. Además, los factores ambientales pueden moldear las experiencias del individuo dentro de este sistema.

— Mesosistema: se refiere a la conexión de los distintos microsistemas (redes de trabajo, interrelaciones entre diferentes contextos: por ejemplo, familia y escuela). Subraya la importancia de comprender cómo los diferentes microsistemas trabajan juntos para influir en el desarrollo de un individuo. Por ejemplo, la relación entre la familia de un niño o una niña y el profesorado puede influir en su rendimiento académico, mientras que las interacciones entre el grupo de iguales y su familia pueden hacerlo en el desarrollo de habilidades y valores sociales. La comprensión de estas complejas relaciones es crucial para identificar los factores contextuales que contribuyen al crecimiento y desarrollo de un individuo (por ejemplo, relaciones institucionales, relaciones personales, sentido de comunidad dentro y fuera de la escuela).

— Exosistema: comprende las influencias indirectas en el desarrollo individual. Abarca los contextos sociales y medioambientales más amplios que influyen indirectamente en el desarrollo de un individuo. Aunque los individuos no tengan contacto directo con estos elementos, pueden ejercer una influencia significativa en su desarrollo. En el campo educativo podrían ser el centro escolar, sus normas, su funcionamiento y cómo afecta al profesorado.

— Macrosistema: se refiere a las fuerzas culturales y sociales en juego. Engloba las fuerzas culturales, sociales e ideológicas más amplias que conforman el desarrollo de un individuo. Los contextos culturales pueden moldear la forma en que los individuos perciben e interpretan sus experiencias, influyendo en última instancia en su comportamiento y en los resultados de su desarrollo. En el siglo XXI, los acontecimientos mundiales, los avances tecnológicos y las cambiantes normas sociales siguen remodelando el macrosistema, lo que pone de relieve la importancia de comprender la compleja interacción entre los factores culturales e individuales en el desarrollo humano.

— Cronosistema: se centra en el papel del tiempo en la configuración del desarrollo del individuo. Esta dimensión reconoce la influencia de los acontecimientos históricos, las experiencias personales y las principales transiciones vitales en los procesos de desarrollo. El cronosistema también reconoce que los cambios sociales y culturales a lo largo del tiempo pueden influir en el desarrollo de un individuo. A medida que los individuos avanzan por las distintas etapas de la vida, pueden encontrarse con diversos retos y oportunidades que configuran su desarrollo (por ejemplo, en la carrera docente, o la diferencia entre ser docente principiante o veterano).

Además, estos autores muestran que el bienestar docente, al estar en constante cambio y adaptación, debe seguir una perspectiva ecológica. Por este motivo, prestan especial atención al capital psicológico y social. El primero se describe como un constructo de la psicología positiva destinado a gestionar los recursos psicológicos necesarios para afrontar los continuos retos del entorno (Jin *et al.*, 2021; Avey, 2010). En cambio, el segundo interpreta el bienestar docente como un fenómeno social. Cuanto mayor sea la comprensión, el apoyo y el reconocimiento por parte de la sociedad, mayores serán los niveles de bienestar (Jin *et al.*, 2021). Sin embargo, a pesar de ello, los límites y los recursos del modelo ecológico los definen los propios individuos; es decir, el capital social varía en función de cada profesor, ya que cada percepción es única (Jin *et al.*, 2021).

2

EL MODELO *FLIPPED CLASSROOM*

La clase invertida (*flipped classroom*) es una estrategia de enseñanza moderna basada en el intercambio de contenidos tradicionalmente entendidos como «clases magistrales» con los típicamente asignados como «deberes». Este tipo de enseñanza es, en su definición más amplia, adecuado para cualquier grupo de estudiantes, todos los niveles de dominio, todos los niveles de la educación formal, y aplicable en toda la gama de cursos y asignaturas. Si se implementa bien, puede llegar a reformar significativamente la experiencia del aprendizaje formal para todas las partes implicadas y, en última instancia, conducir no sólo a una mejora del rendimiento académico, sino también a un mayor sentimiento subjetivo de satisfacción con el proceso por parte de los participantes (bienestar docente y discente).

El concepto de aula invertida (también conocido como *flipped instruction*) no es realmente nuevo. Se basa en los principios de un gran número de modos de instrucción, desde los más antiguos hasta los más modernos, y permanece abierto a las modificaciones que puedan realizar los profesionales en función de sus necesidades específicas. Entre las metodologías, sistemas y formas de enseñanza alternativas en las que se inspira y de las que bebe el *flipped classroom* destacan *Khan Academy* y otros proveedores de cursos masivos abiertos en línea, el aprendizaje combinado, la metodología *Just-In-Time-Teaching*, la taxonomía de Bloom (1984) y otras.

La *flipped classroom* no está oficialmente «codificada», no existe un único modo propio de su aplicación, ni un conjunto específico de reglas que deban seguirse para concretarla en el aula. Debido a ello, puede parecer difícil de definir y, en consecuencia, de aplicar o examinar. Sin embargo, a pesar de su variabilidad, en su forma moderna, aquí descrita, esta estrategia de enseñanza sí implica y sigue una serie de características y principios sin los cuales no podemos considerar realmente un determinado tipo de enseñanza como *flipped* (Bergmann & Sams,

2012). Entre ellos se encuentran una mayor concentración en las actividades de clase por parte del alumnado, la preferencia de tareas centradas en las habilidades de pensamiento de orden superior (Krathwohl, 2002), la desviación de los roles tradicionales docente-aprendiz, el fomento y apoyo de la autonomía del alumnado, el enfoque autodirigido del aprendizaje y la responsabilidad del alumnado, entre otros. A pesar de que los proponentes originales de la *flipped classroom* no consideraban el uso de la tecnología como una necesidad, las circunstancias sociales y educativas actuales la erigen como uno de los pilares básicos de la estrategia, con el fin de reflejar la realidad cotidiana del mundo del siglo XXI y cumplir con los objetivos de la educación tecnológica propuestos en el informe PISA (OCDE, 2019).

Aún cuando existen estrategias y métodos de enseñanza con ciertas características similares o incluso idénticas a las del *flipped classroom*, así como publicaciones docentes, profesionales y científicas anteriores, su verdadero nacimiento tal y como lo entendemos hoy en día no comenzó hasta los últimos años. Fueron las actividades de Jonathan Bergmann y Aaron Sams, que publicaron sus lecciones invertidas en línea y de libre acceso, las que captaron rápidamente la atención no sólo de su propio alumnado, sino también de otro estudiantado y profesorado de fuera de su comunidad inmediata y, lo que es más importante, su libro de 2012 *Flip Your Classroom: Reach Every Student in Every Class Every Day* se convirtió en el impulso para que el *flipped classroom* se concretase realmente en un movimiento y el propio término en una palabra de moda entre la comunidad de profesionales de todo el mundo.

Con la creciente popularidad del *flipped classroom*, la cantidad de investigaciones publicadas está aumentando también en los últimos años a un ritmo aparentemente exponencial. En torno al año 2012 sólo existían unas pocas docenas de publicaciones. Sin embargo, ahora, en el último trimestre de 2024, una simple búsqueda del término *flipped classroom* en el buscador web Google Scholar da como resultado la increíble cifra de 357.000 artículos y publicaciones sobre el modelo en sí mismo o asociados a él. No es sólo el volumen de las publicaciones el que ha experimentado un fuerte aumento, sino también la calidad de los trabajos, la variedad de métodos y preguntas de investigación y las adaptaciones específicas de la estrategia general *flipped classroom*. En los primeros años, la mayoría de las publicaciones eran guías prácticas, escritas por entusiastas que, sin embargo, rara vez presentaban objetivos o resultados reales de la investigación. Además, tuvo que pasar un tiempo desde el inicio del *flipped classroom* para que la innovadora estrategia llamara la atención de los científicos que investigan el aprendizaje y la enseñanza de lenguas extranjeras en general. De hecho, los primeros trabajos publicados sobre los usos y la eficacia del modelo *flipped classroom* estaban relacionados con programas universitarios de Medicina y Farmacia. En estas áreas, los instructores apreciaron las ventajas de trasladar la clase teórica al ámbito de estudios individuales y dedicar el tiempo de clase a aplicar la teoría a la práctica. Las Ciencias Naturales en general parecen adaptarse especialmente bien a las técnicas del *flipped classroom* (los pioneros del modelo, Aaron Sams y Jonathan Bergmann, lo utilizaron para sus lecciones de Química). Sin embargo, no tardaron demasiado en ponerse al día tanto profesorado como investigadores centrados en otras materias y, hoy en día, el *flipped classroom* se está aplicando en todo el espectro de materias, programas de aprendizaje, grupos de edad y culturas de aprendizaje. En sus primeros tiempos la mayoría de las investigaciones iniciales se llevaron a cabo en Estados Unidos, lo que quizá sea natural ya que Sams y Bergmann iniciaron allí el movimiento *flipped*. Sin embargo, desde entonces, una parte considerable de la investigación se ha extendido por todo el mundo, siendo Oriente Medio y Asia Oriental especialmente productivos en los últimos años.

Cabe señalar que el *flipped classroom* no es aclamado por todos y, con su popularidad en alza, este tipo de enseñanza también está acumulando críticas. Manteniendo la dudosa importancia de la clase teórica, se proclama que el éxito del *flipped classroom* se debe a factores no necesariamente relacionados con la metodología en sí (Jensen, Kummer & Godoy, 2015), la insuficiente consideración de los problemas de la brecha digital (Centeio, 2017), el aumento de la cantidad de tiempo que el alumnado pasa mirando fijamente a una pantalla (Skooler, 2018), o la inversión de tiempo requerida por parte del docente con una influencia negativa en su bienestar docente, son sólo algunos de los puntos que los críticos suelen sacar a relucir. Es una advertencia contra la consideración de la enseñanza invertida como la solución universal a los numerosos problemas actuales del mundo de la educación. Todas las enumeradas anteriormente, y otras más, son cuestiones dignas de consideración cuando se intenta evaluar la utilidad del *flipped teaching* en la propia aula. No obstante, puede afirmarse que la enseñanza invertida es un intento válido de acercar la enseñanza y el aprendizaje a las necesidades del siglo XXI, y quizá podría considerarse como un compromiso entre la educación estrictamente tradicional y la alternativa, lo viejo y lo nuevo, y que puede ser aceptable y adoptable por ambas partes siempre y cuando se respete el bienestar docente.

LOS PRINCIPIOS METODOLÓGICOS DEL *FLIPPED CLASSROOM*

Flipped classroom es un término paraguas que engloba un número casi infinito de formas específicas de enseñar que dependen, en última instancia, del estilo pedagógico de cada docente en ejercicio. A pesar de ello, es posible identificar cierto número de principios a los que se adhiere prácticamente toda adaptación de la clase invertida revisada. Estos son: la inversión del contenido de la clase y de los deberes; el enfoque en las habilidades cognitivas de orden superior durante las actividades en clase; el poner el foco en el estudiantado y su actividad; la desviación de los roles tradicionales de docente y discente centrándose en la autonomía del alumnado; y el uso de la tecnología moderna con fines educativos.

Desde el punto de vista práctico, la inversión de lo que tradicionalmente se considera contenido de la clase y contenido de los deberes es la característica más obvia y definitoria de esta estrategia de enseñanza y su propio nombre deriva de este principio. El proceso suele seguir los siguientes pasos:

1. El docente graba su conferencia, o elige una de entre las fuentes disponibles, y la pone a disposición del alumnado, normalmente colgándola en internet. La conferencia contiene toda la información que el alumnado necesita sobre el tema para poder participar activamente en clase.

2. El alumnado se compromete individualmente a visionar el vídeo, a modo de deberes, antes de acudir a la sesión presencial correspondiente.

3. El tiempo de clase se dedica a actividades prácticas basadas en la información del vídeo online. El profesorado guía al alumnado en las tareas cuando es necesario, sin embargo, la mayor parte de la actividad se desarrolla por parte del discente.

La gama de actividades en clase puede incluir, por ejemplo, proyectos, ejercicios, tareas escritas y otras actividades tradicionalmente asignadas para el compromiso individual como deberes. De igual modo, se contemplan otras que ayudan al estudiantado a comprender el tema respectivo con mayor profundidad, y le anima a comprometerse con la información presentada centrándose en las habilidades cognitivas de orden superior. La inversión del contenido tiene un motivo más profundo. La razón de ser es que, si bien el alumnado suele ser capaz de recibir pasivamente la información por sí mismo, sin más ayuda del instructor, no siempre puede decirse lo mismo de la realización de trabajos prácticos. Si un estudiante no ha comprendido plenamente la información dada y explicada en clase, simplemente no ha prestado atención o ha faltado a clase, su capacidad para completar las tareas basadas en dicha información se ve obstaculizada, lo que le lleva, en el mejor de los casos, a buscar ayuda externa, a no completar la tarea correctamente o, en el peor de los casos, a no completarla en absoluto. En estas situaciones, la utilidad de la tarea disminuye, no se cumple su propósito y no se alcanza el objetivo de aprendizaje. Además, si no es capaz de completar una tarea asignada, el alumnado puede experimentar una disminución del entusiasmo por la asignatura, de la motivación por el aprendizaje en general, o incluso sentimientos de duda en sí mismo y una menor autoestima, todo lo cual complica aún más el proceso de aprendizaje presente y futuro. Además, en el entorno tradicional no invertido, especialmente en el caso del estudiantado más joven, las familias pueden experimentar la necesidad constante de ayudar a sus hijos e hijas con sus tareas, para las que no siempre son competentes, lo que provoca una mayor frustración.

El estudiantado de lenguas extranjeras, debido a la naturaleza de la asignatura, corre un riesgo especial de necesitar ayuda externa si no logra captar completamente el contenido enseñado en clase y, si no dispone de la ayuda de una fuente suficientemente competente en el uso de la lengua meta, se enfrenta a importantes dificultades cuando se espera que complete las tareas fuera de clase. Hacer que el docente esté disponible para prestar asistencia cuando se supone que hay que trabajar en las tareas prácticas resuelve el problema. Un docente puede asegurarse de que las tareas se están trabajando como es debido, ayudar al alumnado e indicarle la dirección correcta si surge la necesidad, motivarlo cuando se enfrenta a dificultades y proporcionarle retroalimentación en tiempo real.

El compromiso de las habilidades cognitivas de orden superior dentro de la taxonomía de Bloom (Bloom *et al.*, 1984) es la diferencia más significativa entre las formas tradicionales de enseñanza y la *flipped classroom*. Se podría argumentar que es prácticamente el punto principal del uso de la enseñanza invertida en general sin el cual no habría ninguna razón para intentar la inversión de la clase.

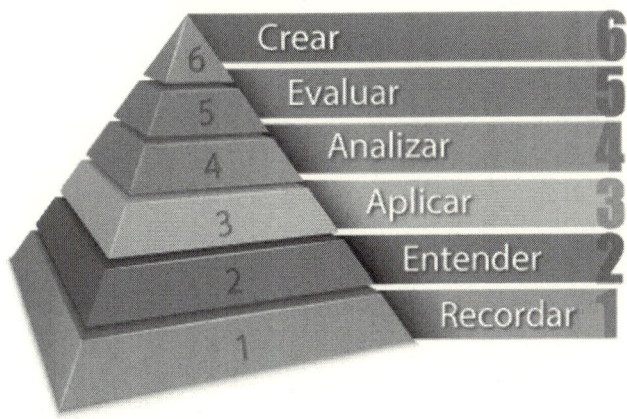

Figura 1. Taxonomía de Bloom (tomada de https://felixmusicasociales.es/taxonomia-de-bloom/)

Gran parte del profesorado se lamenta de la falta de tiempo a la hora de impartir los contenidos obligatorios de la materia. Existe una lucha interminable por elegir entre cubrir la base teórica preestablecida por el plan de estudios o fomentar en su alumnado las habilidades cognitivas de orden superior, ya que las actividades centradas en éstas requieren más tiempo del que disponen. La clase invertida libera lo que suele ser una parte importante de la sesión presencial precisamente para ese propósito. En la realidad del siglo XXI, con una cantidad cada vez mayor de información disponible por la que uno tiene que navegar, la automatización cerniéndose sobre nuestras cabezas, amenazando con llevarse gran parte del mercado laboral tal y como lo conocemos hoy en día, y la incertidumbre sobre cuáles serán las exigencias de la existencia cotidiana dentro de 10, 30 o 50 años (a las que nuestro estudiantado actual tendrá que ser capaz de adaptarse si quieren tener éxito), la necesidad de centrarse en las habilidades cognitivas de orden superior en la educación formal se erige más crítica que nunca. El recuerdo de información básica, aunque sigue siendo importante, no puede ser el punto principal de la educación. Sencillamente, no es suficiente. Nadie es capaz de vencer a un ordenador en ninguna prueba centrada en la información recordada. El ordenador tiene más memoria, por no mencionar el acceso a Wikipedia. Sin embargo, esto no significa que la educación se haya vuelto redundante. Aunque las escuelas ya no pueden enseñar al alumnado todo lo que necesitará saber en la vida profesional, existe la oportunidad de fomentar en él habilidades que le ayudarán a prosperar a pesar de todo. La capacidad de análisis, la creatividad, el tratamiento de la información, la adaptabilidad a nuevos retos, la capacidad de aprendizaje… todo ello puede ayudar a nuestro alumnado de hoy a tener éxito en su futuro. En el entorno del aprendizaje de lenguas adicionales en concreto, lo más importante es la capacidad de expresarse utilizando la lengua meta, sin tener en cuenta el nivel de competencia ya alcanzado por el alumnado y sin verse bloqueado por el miedo a comunicarse en la lengua meta.

Para adherirse al apoyo de las habilidades cognitivas de orden superior, la clase invertida exige un cambio en los papeles tradicionales del docente y del discente dentro del aula. Dado que la transmisión de información se produce principalmente fuera del aula y bajo la dirección individual del alumno, el docente se ve despojado de su anterior papel central como fuente de información en un entorno controlado. Para empezar, el alumnado adquiere la responsabilidad sobre su compromiso individual con la información. Elige dónde, cuándo y cómo repasar el tema presentado, y si verlo de un tirón, pausarlo, rebobinarlo o repasarlo. Además, el alumnado también tiene la oportunidad de profundizar al instante, según surja la necesidad. La información presentada por el docente ya no es el límite – ya sea para comprender mejor los conceptos, o simplemente por mera curiosidad, la infinidad de conocimientos se encuentra a un clic de distancia, y el alumnado tiene la oportunidad de lanzarse al descubrimiento. Llegados a este punto, un tradicionalista puede preguntarse si ya no es necesario el docente. La respuesta es ¡sí!, más que nunca. El papel del docente en la clase invertida es diferente, más importante, y la inteligencia artificial no puede sustituirlo. Se convierte en un entrenador, un facilitador, un mediador, un guía en lugar de un director, ayudando al alumnado en su viaje de aprendizaje, orientándole para que encuentre las respuestas en lugar de proporcionárselas, asistiéndole en el aprendizaje, motivándole y proporcionándole retroalimentación.

Con el cambio de los roles del docente y del discente, el proceso de aprendizaje también se transforma. Se ofrece al alumnado una mayor autonomía en su propia experiencia de aprendizaje, pero también se espera que asuma la responsabilidad sobre su participación y se vuelva más autodirigido. El aprendizaje activo ha demostrado ser más eficaz que la absorción pasiva de información ya que fomenta la destreza junto con el conocimiento. En la clase invertida no sólo hay más espacio para actividades diseñadas específicamente para apoyar la actividad del alumnado, sino que el instructor también tiene más capacidad para asegurarse de que todo el alumnado participa activamente y, por tanto, se beneficia en cada sesión en clase. Si no es así, puede tomar medidas inmediatamente para adaptarse a la situación y resolver los problemas conforme surjan. El docente tiene más oportunidades, y tiempo, para comunicarse con cada discente y reaccionar ante sus necesidades inmediatas de aprendizaje, lo que hace que el aprendizaje sea más individualizado y personalizado. Esto puede tener un efecto negativo en su bienestar docente con lo que es importante que las autoridades educativas se replanteen la dedicación que el profesorado tiene fuera del aula en el cómputo de horas globales. El alumnado también pasa mucho más tiempo comunicándose entre sí que en el aula tradicional, y se le da la oportunidad de participar en el trabajo en equipo, el debate, la comparación de ideas y la instrucción entre iguales, reforzando así sus habilidades sociales junto con las cognitivas. En la clase de idiomas invertida, gran parte de las tareas se centrarán en la comunicación en la lengua extranjera, con más oportunidades para que todo el estudiantado practique activamente el uso de la lengua meta, que al fin y al cabo es el objetivo del aprendizaje de lenguas extranjeras.

Hoy en día, el aula invertida suele clasificarse como un tipo de aprendizaje combinado, en el que el uso de las tecnologías de la información es una parte integrante de este enfoque de aprendizaje/enseñanza. Sin embargo, los autores originales de *flipped classroom* no consideraron que el uso de las tecnologías de la información fuera una necesidad para aplicar con éxito la estrategia invertida. Bergmann y Sams (2012) subrayan la importancia de comprender que el vídeo es sólo uno de los medios para alcanzar los objetivos de aprendizaje y que por sí mismo no hace que la enseñanza sea más innovadora o eficaz.

Por otra parte, aunque el uso de vídeos, o de las tecnologías de la información en general, no sea crucial para lograr el éxito, es como mínimo ventajoso y debería tenerse en cuenta. Anna Brown (2012), una investigadora que se centró en la experiencia del profesorado que utiliza el modelo de instrucción invertida, dice que convertir el contenido a formatos en línea es una práctica clave en la transición al modelo de aula invertida. El uso de vídeos, internet y entornos de aula virtuales ha facilitado en muchos sentidos el *flipped* para el docente y lo ha hecho más atractivo para el alumnado, abriendo nuevas posibilidades en el proceso de enseñanza/aprendizaje. Además, la gran mayoría de la población del mundo desarrollado utiliza a diario teléfonos inteligentes, ordenadores personales, tabletas y otras plataformas tecnológicas con acceso a internet. Es poco probable que esto cambie a menos que suceda algún acontecimiento inesperado y extremadamente radical. El uso de las TIC en las prácticas educativas es, por tanto, natural. Es simplemente un reflejo de la realidad. En el caso de *flipped classroom*, el uso de las TIC permite al educador llegar a su alumnado de forma más rápida, más barata, en mayor número y de una manera potencialmente más colaborativa e interactiva incluso durante la parte previa a la clase. También permite más opciones en cuanto a la forma de mostrar los materiales que visualizan antes de la clase presencial. Hay docentes cuyo alumnado se beneficia más de los materiales escritos, por lo que las clases adoptan la forma de textos. Al mismo tiempo, mucho alumnado prefiere escuchar o ver vídeos a leer. Para un docente, el uso de las TIC abre más opciones de compartir el contenido y también de hacerlo de forma más eficiente en cuanto a costes y tiempo. La mayoría de los docentes que utiliza *flipped classroom* parece reconocerlo, lo que también se refleja en los estudios publicados (casi todos utilizan las TIC de alguna manera y la mayoría recurre al uso de videoconferencias). En el entorno específico de una clase de lengua extranjera, el uso de las TIC ayuda a añadir el elemento del sonido de la lengua meta.

3

DESARROLLO CRONOLÓGICO DEL *FLIPPED CLASSROOM*

La siguiente revisión bibliográfica intenta analizar e ilustrar el alcance de la investigación sobre los usos de la estrategia de enseñanza *flipped classroom* hasta la década actual, centrándose principalmente en las aplicaciones en las aulas de lenguas extranjeras, con especial atención a la lengua inglesa. Las fuentes revisadas son una selección de las investigaciones publicadas y que representan la riqueza de aplicaciones del *flipped classroom*. Por un lado, se busca reconocer la novedad de la estrategia y subrayar el desarrollo de la investigación sobre el tema. Por lo tanto, se optó por adoptar el principio cronológico de presentación de la información. En los primeros años, la bibliografía revisada incluye estudios sobre los usos del *flipped classroom* en entornos distintos del aprendizaje de lenguas extranjeras. La razón de ello es práctica: la investigación sobre los usos generales del *flipped classroom* en otras áreas temáticas precede a la de los usos de esta estrategia didáctica para los fines de la enseñanza/aprendizaje de lenguas extranjeras. Por otro lado, se quiere mostrar la amplitud y profundidad de la literatura sobre el tema publicada hasta la fecha, por lo que se priorizan artículos centrados en una variedad de aspectos y temas diferentes dentro del área general del aprendizaje/enseñanza de lenguas extranjeras, con un enfoque particular en la lengua inglesa. Las fuentes revisadas estaban todas escritas en lengua inglesa y no se tuvieron en cuenta las publicaciones en otros idiomas.

EXPERIENCIAS CON EL *FLIPPED CLASSROOM* EN CONTEXTOS EDUCATIVOS FORMALES: PRIMERA OLEADA

En esta sección se hará un recorrido por los orígenes de la estrategia *flipped classroom* y se describirán los estudios más relevantes llevados a cabo en la última década y que lo introducen como modelo de enseñanza-aprendizaje innovador.

A pesar de que ya existían estrategias y métodos de enseñanza con ciertas características similares o incluso idénticas a las del *flipped classroom*, así como publicaciones previas de aficionados, profesionales y científicos, el verdadero nacimiento tal y como lo entendemos hoy en día no comenzó hasta los últimos años. Fueron las actividades de Jonathan Bergmann y Aaron Sams (2012), que publicaron sus lecciones invertidas en línea y con acceso gratuito, las que rápidamente captaron la atención del público general. Su libro de 2012 *Flip Your Classroom: Reach Every Student in Every Class Every Day* se convirtió en el impulso para que el *flipped classroom* se convirtiera realmente en un «movimiento», y en una palabra de moda entre la comunidad de profesionales de todo el mundo.

Flip Your Classroom (Bergmann & Sams, 2012) no es una publicación científica, sino más bien una guía práctica destinada más a popularizar la estrategia *flipped teaching* que a ofrecer pruebas sólidas basadas en experimentos sobre la eficacia de este tipo de enseñanza. Por otro lado, esa puede ser la razón de su popularidad entre el profesorado. Después de todo, Bergmann y Sams (2012) no ocultan que se dirigen más a la comunidad profesional que a la científica. Destacan su visión de la *flipped classroom* como una herramienta para reflejar las necesidades de aprendizaje del alumnado, no solo en sentido general, sino que también permite ajustar el método de enseñanza a los requisitos de cada estudiante, es decir, personalizar la educación. Los autores también invitan a otro estudiantado a seguirles, afirmando que el *flipped classroom* es aplicable a toda la gama de asignaturas escolares (Bergmann & Sams, 2012). Para un docente comprometido, que se esfuerza por cambiar su aula, *Flip Your Classroom* es una valiosa fuente de información práctica.

Bergmann y Sams (2012) comienzan con una explicación de cómo y por qué decidieron grabar sus clases, con la que cualquier docente probablemente podrá identificarse fácilmente. Su descripción de verse obligados a pasar mucho tiempo ayudando a las personas que faltan a clase a ponerse al día con los materiales cubiertos en la lección perdida refleja la experiencia de quizás casi todos los educadores involucrados en un proceso de enseñanza. Bergmann y Sams (2012) decidieron grabar las lecciones como una forma de atajo para hacer su enseñanza más eficaz y servir como fuente de inspiración. Posteriormente, optaron por grabar todas sus lecciones, identificando una serie de ventajas en este tipo de enseñanza. Por nombrar algunas, según ellos, *flipped teaching* es una herramienta útil en la personalización del contenido de aprendizaje para las necesidades del estudiante individual y fomenta la capacidad de este para ser más autodirigido en sus esfuerzos de aprendizaje; permite al estudiantado de todas las capacidades comprometerse con el contenido de las lecciones de acuerdo con su propio ritmo y necesidades específicas de aprendizaje, ya que el estudiantado es capaz de interactuar con el material repetidamente sin límites y tiene la capacidad de hacer una pausa en la clase y repasar partes de ella repetidamente; y también, permite al docente dedicar un valioso tiempo de clase a ayudar al alumnado que pudiera tener dificultades para completar sus tareas. Por otro lado, Bergmann y Sams (2012) advierten contra el *flipping* en el aula por razones equivocadas, como su popularidad, modernidad o en un intento de facilitar el trabajo del docente. En la segunda parte del libro se centran en una serie de recomendaciones sobre cómo aplicar esta estrategia en la propia aula, incluyendo consejos sobre la elección de tecnología y software útiles, estrategias específicas tanto para el tiempo de clase como para la creación de contenidos fuera de clase, así como ejemplos del uso de este modelo de enseñanza para diversas materias escolares. La última parte del libro está dedicada al *Flipped Mastery Learning* que es una fusión entre la enseñanza tradicional *flipped* y la estrategia *mastery learning* popularizada por Bloom a mediados del siglo xx y que Bergmann y Sams (2012) acabaron utilizando en sus propias aulas.

Obviamente, *Flip Your Classroom* es una publicación influida por el entorno del que proceden sus autores. Sus recomendaciones no siempre son de aplicación universal. Por ejemplo, muchos docentes no podrán hacer uso de sus consejos en cuanto a tecnología útil, porque no tienen acceso a ella, o a la financiación necesaria para conseguirla. Para otros, puede resultar difícil adaptar la estrategia de enseñanza/aprendizaje en grupos de estudiantes con determinados tipos de necesidades especiales, a los que el libro no se refiere extensamente. Además, a pesar de que los autores mencionan mejoras en los resultados de aprendizaje de su alumnado, estos resultados no se recogieron utilizando métodos científicos que tuvieran en cuenta otros posibles factores que pudieran intervenir. No obstante, como guía de iniciación para un docente interesado, este libro es sin duda una fuente valiosa.

Antes de *Flip Your Classroom* (Bergmann & Sams, 2012), ya habían surgido una serie de publicaciones y artículos no científicos, impulsados por las actividades mencionadas de Bergmann y Sams, como blogs o artículos en periódicos y revistas populares. Asimismo, se publicaron un trabajo de investigación y un artículo de revista derivados del trabajo de Bergmann y Sams que merecen mención. En febrero de 2011, Eric Brunsell y Martin Horejsi (2011), de la Universidad de Wisconsin, Oshkosh, y de la Universidad de Montana, Missoula, respectivamente, publicaron un breve artículo en el que describían los procesos y las ventajas de *flipped classroom* en *The Science Teacher*, que se convirtió en su primera aparición real, revisada por pares, en una revista científica (Science 2.0, *The Science Teacher*). Unos meses más tarde, Patricia Ashby (2011), del Departamento de Inglés, Lingüística y Estudios Culturales de la Universidad de Westminster, presentó un artículo titulado *The Flipped Lecture - A Pre-Vodcasting Trial* en el Simposio Anual de *Learning and Teaching* de dicha universidad. Ashby (2011) utilizó vodcasts para enseñar una parte de su curso de fonología de nivel universitario dada la impopularidad de la asignatura. Ashby (2011) informó de resultados positivos tanto en las calificaciones obtenidas por el alumnado, como en las opiniones del estudiantado sobre su experiencia. Por otro lado, el experimento consistió solo en dos sesiones *flipped* (un 20% del curso), lo que lleva a cuestionar si la mejora en las notas del alumnado, que Ashby afirma fue bastante espectacular (10%-30%), puede interpretarse realmente como debida al uso (muy) parcial de la innovadora estrategia de enseñanza.

En 2012 se publicaron varios estudios y artículos. Bill Tucker (2012), en el artículo *The flipped classroom: online instruction at home frees class time for learning*, señala que la enseñanza invertida también se convierte en una herramienta para la superación personal del docente y para la reforma y mejora de la profesión docente en general. Tucker (2012) afirma que el cambio de la clase magistral a la clase en vídeo es un medio de reforma de la enseñanza en sí mismo, ya que requiere no sólo el aprendizaje de las habilidades necesarias para producir material audiovisual de calidad en general, sino también el ajuste de la cantidad y la estructura de la materia en sí con el fin de ser presentable en forma mucho más corta sin dejar de ser explicado de una manera clara, lógica y comprensible. La mayoría de los docentes están de acuerdo en que para aplicar con éxito la clase invertida es necesario replantearse el enfoque de la enseñanza y reestructurar la lección.

En el artículo *How 'Flipping' the Classroom Can Improve the Traditional Lecture*, Berrett (2012) no oculta el hecho de que no todo el estudiantado es aficionado a este enfoque innovador del aprendizaje, pero afirma que eso no tiene por qué ser necesariamente malo. Atribuye el rechazo a su hábito de ser receptores pasivos de las clases magistrales, en contraste con la exigencia de actividad del estudiantado en las clases invertidas. Berrett (2012) cree que la presión a la que se ven sometidos los estudiantes en las *flipped classroom* es exactamente lo que hace que la nueva estrategia tenga éxito, ya que los obliga a utilizar habilidades de pensamiento de orden superior. El autor también señala que cabe esperar que la enseñanza invertida se haga aún más popular en el futuro debido a razones económicas. Berrett (2012) señala que la presión para recortar los gastos institucionales en el entorno universitario juega en contra de la petición de reducir el número de estudiantes en cada clase. Aunque una menor proporción de discentes por docente permite una mayor atención del instructor a cada alumno y podría mejorar los resultados del aprendizaje, las instituciones no están en condiciones de aplicar esta medida por motivos económicos. Por otro lado, Berrett (2012) afirma que la clase invertida podría ayudar especialmente a las grandes instituciones centradas en la investigación, y que utilizan las aulas tradicionales a gran escala, a reducir los costes de la enseñanza y a ser más eficaces. Aunque la evaluación de Berrett (2012) sobre los efectos de las dificultades financieras en las instituciones educativas parece acertada, el autor pudiera no entender el sentido de la *flipped classroom*: el objetivo de este tipo de enseñanza no debería ser impartir clases en masa, sino más bien lo contrario, enseñar de forma más personalizada.

En el informe publicado en *Learning & Leading with Technology* (Fulton, 2012), la autora llama la atención sobre el caso de Byron High School, Minnessotta, en el que la decisión de dar la vuelta a los cursos de Matemáticas fue efectivamente causada por la crisis financiera de 2009. La superintendente del distrito, Wendy Shannon, recuerda cómo la escuela se enfrentaba a dificultades, ya que no podían comprar libros de texto siguiendo los nuevos estándares de matemáticas porque su distrito carecía de los fondos necesarios. El profesorado de matemáticas vio una solución en dejar de utilizar libros de texto de producción externa y, en su lugar, crear y utilizar sus propios materiales. El autor admite que el cambio no fue nada fácil, especialmente durante el primer año. Al profesorado le resultaba difícil hacer frente a la necesaria planificación previa de las futuras lecciones. Además, los docentes informaron de que puede ser necesario formar al alumnado en el trabajo en grupo, la resolución individual de problemas, la disciplina y la concentración en la tarea, para que la estrategia *flipped* sea realmente eficaz.

También en 2012, los investigadores Richard Pierce y Jeremy Fox (2012) publicaron un artículo sobre un experimento que llevaron a cabo en la Facultad de Farmacia Bernard J. Dunn de la Universidad de Shenandoah, Winchester, VA, centrado en la utilidad y eficacia del *flipped classroom* en un curso de Farmacoterapia Renal. Inicialmente, estaban motivados por la dirección del Consejo de Acreditación para la Educación Farmacéutica (ACPE) que exigía a los educadores implementar estrategias de aprendizaje activo. Su objetivo no era sólo medir el éxito de la estrategia *flipped* en términos de las puntuaciones del estudiantado, sino que también estaban interesados en la opinión de los estudiantes sobre su experiencia. Los resultados a los que llegaron Pierce y Fox (2012) fueron positivos para ambas cuestiones. Las calificaciones de los estudiantes mejoraron significativamente en comparación con el curso anterior (impartido con la modalidad tradicional de clases magistrales). Los autores creen que esto se debe a que tuvieron la oportunidad de repasar las clases repetidamente. En general, la mayoría manifestó su preferencia por la instrucción invertida frente a la clase tradicional dirigida por el profesor. Entre otras cosas, el experimento de Pierce y Fox (2012) es interesante porque el primer impulso para su organización fue la dirección de un organismo supervisor. Además, es uno de los primeros de muchos intentos con éxito que aplicó la *flipped classroom* como medio para transformar la clase de ciencias en una conferencia práctica.

En el artículo *The flipped classroom strategy. What is it and how can it best be used?* Milman (2012), ofrece una breve visión general de cómo surgió *flipped classroom*, pero a diferencia de otros autores de la época, se mantiene escéptica e identifica una serie de posibles limitaciones de la estrategia. Para empezar, recuerda que las clases en vídeo pueden acabar produciéndose con una calidad cuestionable, ya que el profesorado no está formado para ser creador/editor de cortometrajes y, por tanto, incluso un educador de calidad sobresaliente y experiencia significativa puede tener dificultades para producir material audiovisual de alta calidad. Además, supone que todo el estudiantado tiene los medios para ver la videoconferencia (en otras palabras, tienen acceso a un ordenador), pero la realidad puede ser muy diversa y el compromiso con el material de aprendizaje puede producirse en circunstancias y condiciones que no son ideales para el aprendizaje. De igual modo señala que si el estudiantado no se compromete con la videoconferencia, o no comprende plenamente los conceptos presentados, no estará preparado para las actividades en clase y, por lo tanto, no podrá beneficiarse del cambio. Milman (2012) advierte que explicar los conceptos de aprendizaje con suficiente claridad y complejidad a través de una videoconferencia puede resultar difícil, ya que los distintos tipos de estudiantes requieren actividades de andamiaje diferentes. A continuación, el autor recuerda que la participación en una videoconferencia no es interactiva, ya que normalmente no permite al alumnado formular preguntas en tiempo real. Como limitación final, Milman (2012) cuestiona la aplicabilidad de la clase invertida para el estudiantado de segundas lenguas o con dificultades de aprendizaje.

En otro artículo crítico de 2012, la autora Katie Ash (2012) presenta un punto de vista opuesto, citando al superintendente Patrick Twompey, del distrito escolar Havana Community Unit, en el que casi dos tercios del alumnado procede de familias con bajos ingresos. Ash (2012) señala que, con el sistema tradicional, el alumnado que tiene la ventaja de contar con familias capaces de ayudarles con los deberes saca mucho más provecho de la escolarización en comparación con aquel cuyas familias no pueden ayudarles con su aprendizaje. Sin embargo, con la instrucción invertida, todos reciben el contenido por igual y su aprendizaje es guiado de forma similar. Por otra parte, en general, Ash (2012) tampoco presenta visiones demasiado idealistas de la estrategia *flipped*. Aunque la curva de popularidad de la enseñanza invertida sigue en aumento, al mismo tiempo también se acumulan las críticas. Una parte importante de ellas está relacionada con el hecho de que la estrategia continúa utilizando la clase magistral como principal forma de instrucción. Citando a Andrew Miller, consultor educativo que trabaja en la promoción del aprendizaje basado en proyectos, Ash (2012) advierte que mientras el aula invertida siga utilizando la conferencia como principal medio de transmisión de información, no puede considerarse realmente un cambio radical en el tipo de aprendizaje. Por el contrario, Ash (2012) hace referencia a Ransay Mussallam, profesor de química, que afirma que el *flipped classroom* tradicional es poco más que un medio para ahorrar tiempo en clase, y que la filosofía didáctica bajo la que funciona es idéntica a la enseñanza tradicional basada en clases magistrales. Otra de las limitaciones de la estrategia que señala el artículo es que puede resultar difícil motivar e implicar al alumnado que no está dispuesto a participar activamente en las actividades de clase, y advierte del peligro de considerar el *flipping* como la solución global. Obligar a un profesor ineficaz a cambiar su clase no supondrá un verdadero cambio en el aprendizaje, y una clase invertida no convertirá a un mal docente en uno bueno.

Sin embargo, la crítica de Ash (2012) pudiera estar equivocada. Es cierto que la clase invertida no es la solución a todos los problemas de nuestro sistema educativo actual pero nunca se pretendió que lo fuera. A pesar de su actual y creciente popularidad y del interés que ha despertado entre el profesorado que intenta un cambio en su forma de enseñar, los propios autores originales advierten del peligro de que el *flipped classroom* se entienda como el bálsamo de la mala enseñanza. Sin embargo, si el docente que lo pone en práctica sigue los principios esbozados por Bergmann y Sams (2012) y llena el tiempo de clase con tareas que induzcan al alumnado a realizar actividades diseñadas para apoyar la comprensión de los conceptos presentados, los puntos de crítica de Ash (2012) serán en gran medida discutibles. Aunque se mantenga la clase magistral, eso no tiene por qué ser necesariamente malo, siempre que el tiempo de clase se utilice con eficacia.

No obstante, hay más autores escépticos. Johnson y Renner (2012) señalan también una serie de obstáculos. Llevaron a cabo un estudio de caso comparando el modo de instrucción tradicional y el *flipped* que tuvo lugar en dos clases de nivel de bachillerato de Aplicaciones Informáticas, con un total de 62 participantes. El estudio contó con un grupo experimental al que se enseñó utilizando la estrategia *flipped*, y un grupo de control al que se enseñó utilizando el método estándar. Johnson y Renner (2012) no impartieron ellos mismos las clases, sino que realizaron observaciones durante las clases de un docente voluntario que era el instructor de ambos grupos. Los autores señalan que las clases en las que se utilizó el modo de enseñanza tradicional se implementaron más técnicas de aprendizaje activo que en las que fueron invertidas. Además, en las clases invertidas, el alumnado tenía con más frecuencia comportamientos no relacionados con las tareas, como escuchar música, ver vídeos e incluso jugar a videojuegos durante la clase. Por otro lado, desde el punto de vista general, una de sus conclusiones es que la implantación del *flipped classroom* aumenta la carga de trabajo para todos los agentes implicados a costa de su bienestar. Señalan que esta requiere que el instructor diseñe su clase con mucha antelación y también que aprenda a utilizar eficazmente la tecnología necesaria para impartirla. Del mismo modo, se espera que el estudiantado trabaje más en clase y pase tiempo fuera de ella preparándose para la misma.

Por otro lado, un estudio de la profesora Bethany B. Stone (2012) de la Universidad de Missouri, Columbia, presentado en la 28.ª Conferencia Anual sobre *Distance Teaching & Learning*, tiene una visión más positiva. Stone (2012) señala tres ventajas principales de la implementación de *flipped classroom* en una clase universitaria, que según ella son: fomento de habilidades de aprendizaje permanente, mayor compromiso del estudiantado con los materiales presentados, y mayor interacción y cooperación entre los propios estudiantes y su instructor. Su estudio se llevó a cabo en dos clases diferentes de su universidad de origen: un curso voluntario de «Enfermedades Genéticas» con un número normalmente reducido de participantes que asisten por elección propia, y un curso obligatorio de «Biología General» con cientos de estudiantes que expresan un entusiasmo variado por el curso. En el estudio, Stone (2012) cambió unidades específicas de sus clases y comparó las puntuaciones con las obtenidas por los estudiantes en los semestres anteriores. En la clase voluntaria, más pequeña, observó mejoras estadísticamente significativas en las puntuaciones, a favor de la estrategia *flipped*. En la clase obligatoria, con un elevado número de estudiantes, observó mejoras principalmente en las puntuaciones obtenidas en las tareas. La inversión de las clases tuvo efectos significativos sobre la asistencia a clase en ambos grupos (en los semestres de control, la asistencia media fue del 93,3 % y del 74,6 % para «Enfermedades Genéticas» y «Biología General» respectivamente, frente a la asistencia media de los semestres *flipped* del 95,3 % y del 80 %). Además, los estudiantes expresaron en general opiniones positivas sobre su experiencia, especialmente en la clase voluntaria de «Enfermedades Genéticas». En cuanto a las limitaciones, Stone (2012) se hace eco de otros investigadores y señala que la clase invertida requiere que el docente planifique cuidadosamente con antelación y se asegure de que el tiempo de clase se emplea de forma eficaz. Además, admite que la disposición de los estudiantes a participar en lo que entienden como trabajo adicional también puede suponer un problema.

En un artículo escrito por Cara A. Marlowe (2012), de la Universidad Estatal de Montana, la autora estudió los efectos de la clase invertida en los resultados de aprendizaje del alumnado y en los niveles de estrés en clase autodeclarados por los estudiantes. El estudio se llevó a cabo con un grupo de último curso de secundaria matriculados en el segundo año del programa del Bachillerato Internacional en la Academia Americana de Dubái (Dubái, Emiratos Árabes Unidos) durante las clases de la asignatura «Sistemas y sociedades ambientales de nivel estándar». La autora observó una mejora estadísticamente significativa en las calificaciones obtenidas con el uso de *flipped classroom*. Marlow (2012) señala que la mayor mejora la obtuvo el alumnado que antes tenía un rendimiento bajo. La autora también afirma que el *flipped classroom* ofrecía mejores condiciones para el trabajo en grupo y una mayor interacción docente-discente de lo que permitiría una lección impartida de forma tradicional. Además, los participantes manifestaron una sensación significativamente menor de estar sobrecargados, en comparación con las clases en las que se utilizaban métodos de enseñanza tradicionales. La autora afirma que las valoraciones de los participantes fueron muy positivas, quizá en parte debido al hecho, como resumió uno de los estudiantes, de que los materiales estaban a disposición del alumnado en todo momento y los conceptos no suficientemente asimilados mediante la visualización de vídeos se siguieron trabajando en clase.

Andrew Miller (2012) se muestra escéptico. Advierte contra la adopción e imposición de la *flipped classroom* como una agenda por parte de los políticos que esperan una solución fácil a un gran número de problemas educativos, porque, afirma, esta estrategia en sí misma no presenta una cura a ningún problema al que se enfrente el sistema. Por otro lado, reconoce que la *flipped classroom* es un maravilloso primer paso para reformar la educación, cambiando el papel del docente, fomentando la construcción del conocimiento y las habilidades de aprendizaje en los estudiantes en lugar de escuchar pasivamente al docente, y diversificando las actividades y los patrones de enseñanza para lograr una mayor individualización y personalización de la lección. Miller también subraya la importancia de asegurarse de que las videoconferencias contengan la información que el alumnado necesitará para tener éxito en clase. Señala que no es probable que los estudiantes se interesen por el material grabado simplemente por su forma y que es importante que lo consideren relevante. Miller (2012) sugiere el uso de estrategias educativas que exijan el empleo de información relevante, como el aprendizaje basado en proyectos (ABP), el aprendizaje basado en juegos (ABJ), la comprensión mediante el diseño (ECD) o la alfabetización auténtica. Más adelante, el autor advierte de que puede haber barreras tecnológicas y sociales que impidan la aplicación con éxito de la estrategia *flipped*. También señala la necesidad de incluir en las lecciones actividades que animen al alumnado a reflexionar sobre los contenidos aprendidos y a pensar intencionadamente en su proceso de aprendizaje. Por último, el autor habla de la necesidad de tener en cuenta el entorno de aprendizaje en el que se supone que se produce el aprendizaje, y expresa su creencia de que no es correcto esperar que los estudiantes utilicen los materiales durante su tiempo libre. En conclusión, Miller (2012) se hace eco de las opiniones de otras revisiones e insiste que, a la hora de aplicar una nueva estrategia de enseñanza/aprendizaje, la importancia reside en el cambio de la práctica docente, no en las herramientas concretas que se utilicen para lograrlo. La autora añade que el *flipped classroom* no debe verse como el cambio en sí, sino como una herramienta.

Robert Talbert (2012), autor del artículo *Inverted Classroom* (2012), está de acuerdo en que puede haber ciertos obstáculos para el éxito de la estrategia invertida. Para empezar, señala el requisito de inversión de tiempo por parte del docente. También afirma que el estudiantado puede experimentar dificultades cuando se le pide que se comprometa con el material teórico de forma individual y, si previamente sólo ha sido formado en el modo de enseñanza tradicional, esto puede llevarle a ser reacio a aprender de forma autodirigida debido a lo que el autor denomina un choque cultural. A pesar de ello, cree que el *flipped classroom* podría ser útil para reformar las clases universitarias y hacerlas más interactivas y eficaces. Talbert (2012) apoya sus opiniones con pruebas, presentando los resultados de cuatro experimentos a nivel universitario con la aplicación de *flipped classroom*: una lección introductoria de biología a gran escala en la Universidad de California en Irvine, una clase de ingeniería de software en la Universidad de Miami (Ohio), y un experimento en el Franklin College (Indiana) mostraron resultados prometedores, con una mejora general significativa de las calificaciones, una mayor capacidad autodeclarada para completar las tareas dadas, y más estudiantes que recibieron calificaciones de aprobado, respectivamente.

Aunque los ejemplos que utiliza el autor parecen ciertamente impresionantes, su argumentación se beneficiaría de la presentación de más datos al lector, así como de más información sobre cada uno de los experimentos presentados. Además, los puntos que plantea al cuestionar el uso de *flipped classroom* por debajo del nivel terciario de educación también son débiles: la creación de vídeos, que lleva mucho tiempo, puede evitarse mediante el uso de materiales de fuentes externas, y el estudiantado puede ser formado en la nueva estrategia de enseñanza/aprendizaje y prevenir el choque cultural.

En el artículo *Humanizing the Classroom by Flipping the Homework versus Lecture Equation* (Houston & Lin, 2012), las autoras afirman que la enseñanza invertida puede ser especialmente útil para el profesorado que tiene dificultades a la hora de instruir a estudiantes con distintos niveles iniciales de dominio de la materia, distintas necesidades de aprendizaje y diferente velocidad de aprendizaje. Destacan la mayor interacción docente-discente como una de las ventajas de la estrategia *flipped*. Apoyan su artículo con ejemplos de aplicación con éxito de la estrategia en diversos entornos, y presentan su propio experimento basado en un sitio web que ofrece materiales creados a partir de las clases del instructor principal (el primer autor). Las autoras afirman que su objetivo era convertir las conferencias, que antes eran largas, en segmentos de 15 minutos centrados en responder a las preguntas del alumnado, y dedicar el resto del tiempo de clase a tareas que exigieran la aplicación práctica de la materia aprendida. Houston y Lin (2012) afirman que la interacción en clase mejoró drásticamente y que el alumnado se benefició enormemente de la posibilidad de volver a ver o releer los materiales teóricos tantas veces como sea necesario.

Anthony Steed (2012) señala que la clase invertida no es realmente una idea nueva, ya que muchos docentes asignan lecturas u otras tareas introductorias para realizar en casa antes de la respectiva lección sobre el tema. Sostiene que la verdadera novedad está en el uso de la tecnología, que hace que la enseñanza/aprendizaje invertida sea más atractiva tanto para el instructor como para el alumnado. Esto puede hacer que el aprendizaje sea más motivador, ya que el estudiantado prefiere aprender con la ayuda de las tecnologías modernas que con los libros de texto de la vieja escuela. Steed (2012) ofrece también consejos para la puesta en práctica, enumerando una serie de posibles medios y programas útiles, como GoAnimate, Storify, CamStudio y Jing, pero también PowerPoint y YouTube, e incluso escaneos de páginas de libros de texto.

Dean Shimamoto (2012) presenta un curso de *flipped classroom* para docentes en el que los participantes debían aprender las habilidades necesarias para aplicar la estrategia en sus aulas. El autor cree que las *flipped classroom* pueden convertirse en un medio de transformación de la enseñanza, ya que combinan los beneficios de la clase tradicional con un enfoque activo del aprendizaje. El objetivo secundario del experimento era conocer la opinión del profesorado sobre la estrategia de enseñanza invertida. Se realizó una encuesta para evaluar el impacto del curso en la habilidad técnica de los participantes con el fin de invertir el aula, así como su comprensión y opiniones sobre la filosofía educativa vinculada a ella. Los resultados fueron positivos, con respuestas que indicaban que la mayoría de los participantes consideraron el curso útil y suficientemente informativo como para permitir un intento de implantación de la *flipped instruction* en su aula, incluso en el caso de participantes sin conocimientos previos de la estrategia. Shimamoto (2012) admite que los participantes aún no se sentían demasiado seguros al intentar la aplicación práctica de los conceptos aprendidos. El autor sugiere que el profesorado puede beneficiarse de la creación de una comunidad de aprendizaje centrada en ayudar a los principiantes y orientar a los veteranos para que su enseñanza sea más eficaz. El intento de Shimamoto (2012) de enseñar al profesorado la clase invertida es único en el momento de la publicación y extremadamente valioso por su reconocimiento del hecho de que los docentes también pueden beneficiarse de la instrucción y la formación cuando intentan reformar y modernizar sus clases.

El profesorado y su experiencia con *flipped classroom* fueron también el tema central de la tesis de Anna Brown (2012), con el título *A phenomenological study of undergraduate instructors using the inverted or flipped classroom model*. Brown (2012) llevó a cabo una investigación cualitativa basada en entrevistas con ocho profesores participantes. Su autoproclamado objetivo era investigar la experiencia de quienes intentaron incluir el *flipped classroom* en su práctica docente y arrojar más luz sobre sus motivaciones, así como sobre los pros, los contras y los retos que encontraron durante el proceso. Para el estudio, Brown (2012) eligió a docentes que tomaron la decisión de adoptar *flipped classroom* por su cuenta, en contraposición a los que seguían una asignación de estructuras institucionales superiores, y que al mismo tiempo solían seguir previamente el método de enseñanza tradicional. Brown (2012) admitió haber tenido dificultades para encontrar participantes adecuados para la investigación debido a la falta de voluntarios. Además de realizar entrevistas, también analizó los materiales didácticos utilizados en los cursos invertidos proporcionados por los participantes. La mayoría de los voluntarios señalaron que su experiencia mejoraba continuamente cuanto más tiempo utilizaban el nuevo modo de enseñanza, y que la conversión a la enseñanza invertida es un proceso continuo. El estudio también informó de que la mayoría de los profesores utilizaron el trabajo en grupo en sus nuevos cursos invertidos y experimentaron una mayor interacción estudiante-estudiante y estudiante-profesor. Los participantes informaron además de que se habían visto obligados a cambiar su papel en el aula, pasando de ser el principal proveedor de información a uno de entrenador, y a acostumbrarse a crear contenidos publicados en línea. Este, según el autor, puede ser uno de los principales retos que desaniman a los nuevos adoptantes. Brown concluye que adaptarse a la exigencia de producir contenidos en línea es uno de los mayores retos a los que se enfrenta el profesorado que adopta el modelo *flipped*, incluyendo particularidades como dominar el uso del software y el hardware, superar la incomodidad de ser grabados y producir contenidos relevantes en general.

Otra autora centrada en la forma en que los profesores ven su experiencia *flipped classroom* es Kelly E. Snowden (2012), de la Universidad de North Texas. En su tesis de máster *Teacher Perceptions of the Flipped Classroom: Using Video Lectures Online to Replace Traditional In-Class Lectures,* Snowden entrevistó a ocho profesores de Highland Park High School en North Dallas, Texas. La muestra se seleccionó en función de las respuestas a una encuesta previa, con el fin de contar con participantes con opiniones y experiencias diversas. Curiosamente, una parte significativa de las respuestas en las entrevistas parece diferir en función de la asignatura o asignaturas que imparten los profesores en particular. El profesorado de ciencias naturales manifestó opiniones positivas sobre el uso del modo de enseñanza invertido, así como experiencia en la aplicación de esta práctica, mientras que los de ciencias sociales e inglés coincidieron mayoritariamente en que no creen que el aula invertida sea una herramienta beneficiosa para el uso habitual en sus cursos, a pesar de que algunos de ellos utilizaban habitualmente vídeos en sus clases. El punto de ruptura en el estudio de Snowden parece haber sido el contenido de las clases típicas que impartían estos profesores. Los de «Ciencias» y «Matemáticas», que antes daban clases magistrales, acogieron con satisfacción la oportunidad de comunicarse con sus alumnos de una forma que a éstos les resulta natural, es decir, a través de contenidos en línea. Además, estos profesores vieron la clase invertida como una forma de luchar contra las lagunas de aprendizaje debidas al absentismo y de hacer sus clases más interactivas. Por otro lado, los de «Ciencias Sociales» e «Inglés» afirmaron que sus clases típicas no están estructuradas en torno a clases magistrales, sino que hacen un amplio uso de los debates y la interacción en clase, por lo que no sentían la necesidad del modelo *flipped*. Otras opiniones sobre la estrategia también estaban divididas según la asignatura impartida por el encuestado. Por ejemplo, una de las profesoras de «Ciencias» dijo que había decidido intentar implantar el modelo *flipped* debido al elevado número de estudiantes que se quedaban dormidos en su clase: veía la enseñanza *flipped* como una herramienta para obligar al alumnado a responsabilizarse más de su propio aprendizaje. Por otra parte, uno de los profesores de «Ciencias Sociales» cree que, aunque la clase invertida es prometedora, puede ser demasiado exigente para el estudiantado de primer año y provocar dificultades de aprendizaje. Además, casi todos los profesores entrevistados coinciden en que uno de los problemas de la clase invertida es garantizar que el estudiantado se comprometa con los materiales fuera del aula y que su aplicación requiere mucho tiempo y es complicada, al menos en la fase inicial. Snowden (2012) llega a la conclusión de que sus hallazgos muestran una conexión entre la oposición a la clase invertida y los profesores cuyo modo principal de instrucción es distinto de la clase magistral.

Mary B. Hertz (2012), profesora de secundaria en Filadelfia y autora del artículo *The Flipped Classroom: Pro and Con*, ofrece su visión tras la Conferencia ISTE 2012 en San Diego, California, donde *Flipped Classroom* fue, según su relato, uno de los temas más debatidos, con defensores y detractores de la estrategia. Hertz (2012) reconoce las ventajas de la enseñanza invertida, según los profesores, como el traslado de la responsabilidad a los alumnos, la individualización del proceso de aprendizaje y una mayor interacción entre iguales. Sin embargo, la autora señala que la clase invertida no es una idea nueva y revolucionaria, sino más bien otra versión de la enseñanza centrada en el alumno que ya se había popularizado a principios del siglo xx. Hertz (2012) también advierte que, debido a las exigencias técnicas del modelo *flipped* tradicional basado en el vídeo, puede no ser adecuado para los profesores que tratan con alumnos que no tienen acceso a contenidos en línea. Aun así, reconoce el mérito de la *flipped classroom* por empujar a la comunidad docente a reflexionar y replantearse su práctica, y por motivar a los profesores a adoptar nuevas formas de enseñar, así como a hacer uso de la tecnología educativa.

En el artículo *The Use of Flipped Classroom in Foreign Language Teaching*, presentado en la *3.ª Conferencia ELT del Mar Negro "Technology: A Bridge to Language Learning"*, el autor Ahmet Basal (2012) se centra en el uso de la *flipped classroom* en el entorno ELT. Basal (2012) experimentó con el modelo *flipped* en su curso de *Lectura y Escritura Avanzada I* en la Universidad Técnica de Yildiz. El autor ofreció una visión general de cómo se puede implementar esta estrategia y luego se centró en las opiniones de sus estudiantes sobre el modelo *flipped* de enseñanza. Concluye que la mayoría de los participantes valoraron positivamente su experiencia.

Troy Cockrum (2013), profesor de idiomas de secundaria y galardonado en 2013 con el premio Jacobs Educator Awards, ofrece en su libro *Flipping Your*

English Class to Reach All Learners: Strategies and Lesson Plans una visión general de su propia historia de aplicación del modelo *flipped classroom*, del que es un entusiasta defensor, y una guía práctica comprensible de cómo hacerlo para los profesores que deseen igualmente intentar dar la vuelta a sus propias clases. El autor introdujo el libro explicando las razones que le llevaron a experimentar con el *flipped classroom*, y explicó el origen de su entusiasmo por la innovadora estrategia. Cockrum (2013) describió cómo estaba insatisfecho con los resultados de aprendizaje que obtenían sus clases, a pesar de haber invertido toda su energía y experiencia docente en conducirlas hacia el éxito. Sentía que no había suficiente espacio para un enfoque más individualizado de su alumnado, que faltaba creatividad y un pensamiento más complejo, que era muy difícil atender simultáneamente a alumnado con conocimientos de lenguas extranjeras muy diferentes presentes en sus clases, y que le gustaría conducirlo hacia una mayor autonomía de aprendizaje. Cockrum se inspiró en un vídeo de TechSmith, publicado en YouTube (2010) en el que aparecía uno de los pioneros modernos de *flipped classroom*, Aaron Sams, hablando de sus clases invertidas. Posteriormente, el autor implementó con éxito la *flipped classroom* en su propia práctica docente, lo que finalmente dio lugar a la publicación del libro. Cockrum (2013) enumeró los beneficios del modelo incluyendo la estrategia innovadora que permite tanto al estudiantado de alto rendimiento como al de bajo rendimiento aprovechar al máximo el tiempo de clase, llevándolo hacia una mayor responsabilidad e inversión autónoma en sus estudios. También el hecho de que este tipo de enseñanza permita al alumnado decidir cuándo y dónde va a aprender de acuerdo con su propia necesidad, fomentando tasas más altas y un logro más fácil de la interacción individual con sus estudiantes, y ayudando a una gestión más eficaz en clase con efectos significativos en la reducción de los problemas de comportamiento. Cockrum (2013) también explicó por qué, según él, el modelo *flipped* es beneficioso para el entorno específico de un aula de idiomas. Además de destacar la capacidad de emplear un enfoque de la enseñanza centrado en las necesidades de cada estudiante, el autor también señala que el aprendizaje basado en la comunidad que favorece la estrategia es especialmente ventajoso en el aula de idiomas, ya que el objetivo es la comunicación. De igual modo informó de que con el modelo *flipped* pudo aprovechar mejor el tiempo de clase, con actividades ajustadas a las necesidades e inclusión de actividades que el alumnado encuentra entretenidas. El libro seguía con una descripción de una selección de diferentes modelos de *flipped classroom*, ya que, como explicaba el autor, esta no es una metodología establecida y al final el modelo concreto empleado siempre lo diseña el docentes y sus discentes. Entre los ejemplos más notorios, Cockrum (2013) menciona el *Flip Tradicional*, con las instrucciones filmadas y trasladadas al tiempo previo a la clase para el estudio individual; el *Flip Taller de Escritura*, con la minilección transformada en video-clase y el tiempo en clase dedicado a la práctica de la escritura; el *Explore-Flip-Apply*, en el que se presenta al estudiantado una tarea de resolución de problemas al principio, seguida de una video-clase empleada cuando llegan al punto de necesitar información, y concluida por la etapa de aplicación de la teoría; el *Flip Mastery*, un modelo promovido por Sams y Bergmann, en el que el alumnado se dedica a los materiales teóricos y completa las tareas de aprendizaje individualmente, pero sólo se le permite pasar a la siguiente unidad una vez que ha alcanzado un nivel de competencia establecido por el instructor; y el *Peer Instruction Flip*, en el que la información teórica se estudia individualmente (a menudo en forma de vídeo) y el tiempo en clase sigue las reglas tradicionales de la *Peer Instruction*, centrándose en los debates con los compañeros de clase, con el profesor asumiendo el papel de guía y revisor. La parte práctica de la publicación de Cockrum (2013) se centra en la implementación del modelo *flipped classroom* en un aula de lengua extranjera. El autor ofrece planes de lecciones bien desarrollados para las cuatro destrezas lingüísticas básicas, así como para la enseñanza de idiomas, a menudo en más de un modelo de *flipped classroom*, y concluye el libro con consejos para la creación de video-conferencias y preguntas frecuentes.

En el artículo *Flipping a Japanese language classroom: seeing its impact from a student survey and YouTube analytics* (Watanabe, 2014), el autor, docente en la Universidad de Melbourne, ofrece una visión general de un estudio inicial sobre los usos del modelo de enseñanza/aprendizaje *flipped classroom* para la enseñanza de lenguas extranjeras. Watanabe (2014) resalta un tema recurrente compartido por muchos de los artículos publicados: la falta de compromiso del estudiantado con el visionado del material audiovisual en casa. Este fue el foco de su estudio. A lo largo de todo un semestre, con una duración de 12 semanas, Watanabe (2014) trabajó con un grupo de 202 estudiantes matriculados en programas universitarios, que eligieron tomar el curso de «Lengua Japonesa como Lengua Extranjera» a nivel intermedio-bajo. La duración de las sesiones semanales en clase era de 4 horas, de las cuales aproximadamente el 25 % del tiempo se dedicaba a la clase teórica, y 1/3 del contenido teórico se invertía. Antes del experimento, una clase típica utilizaba métodos de enseñanza tradicionales y, además de la clase, incluía prácticas, tareas de conversación, tareas de lectura y escritura, todo ello centrado en el uso práctico de los fenómenos gramaticales recién aprendidos. Para el experimento, el investigador creó videoconferencias para cada lección que los estudiantes debían ver antes de asistir a clase. Tenían una duración máxima de seis minutos, se centraban en la explicación de los puntos gramaticales que componían el plan de estudios del curso y, en la mayoría de los casos, incluían un cuestionario. Los vídeos se traducían al japonés. El curso utilizaba MS PowerPoint para la creación de vídeos; YouTube para permitir el acceso a los vídeos; y un sistema de gestión del aprendizaje no especificado. El investigador centró su estudio en dos preguntas de investigación:

1. ¿Veía el alumnado el video para preparar las clases?;
2. ¿Cómo se relacionaba el alumnado con el vídeo? (Watanabe, 2014, p. 762).

Con el fin de recopilar datos para el estudio, Watanabe utilizó tres métodos diferentes: obtuvo datos sobre el visionado de vídeos por parte del estudiantado a partir de YouTube Analytics, un sitio web que recopila datos sobre las tendencias que los participantes mostraban al ver los vídeos; y una encuesta en formato de cuestionario para conocer las percepciones de los estudiantes. De los 202 que participaron inicialmente, 163 enviaron cuestionarios utilizables para los fines de la investigación. Las preguntas de la encuesta se centraban en la accesibilidad de *flipped classroom* y en el visionado de las videoconferencias. Casi todos dijeron que veían los materiales desde sus casas, sólo unos pocos lo hacían en el campus, y más del 75 % buscaron las clases audiovisuales cuando iban en transporte público. En otras palabras, todos y cada uno de los estudiantes que participaron en el experimento encontraron la forma de acceder a los materiales. Por otro lado, la calidad de los encuentros era, en el mejor de los casos, cuestionable. Sólo 19 alumnos vieron todos los vídeos que se les entregaron durante el experimento, el 37,7 % vio la mayoría de los vídeos (aunque no todos) y aproximadamente el 60 % de los participantes optó por ver el material justo antes de la clase. La lista de razones indicadas por los participantes para no utilizar los materiales audiovisuales está encabezada por la respuesta que expresa una simple preferencia por el libro de texto, seguida de cerca por la falta de tiempo, que, teniendo en cuenta la duración de los vídeos, parece algo cuestionable. En el otro extremo del espectro se encuentran las razones que indican falta de presión para comprometerse con los materiales, posiblemente debido a que ya dominan el contenido. Según la información estadística obtenida de YouTube Analytics, la lección previa a la clase más consultada fue la primera, con un número de visionados que osciló en torno al 50 % del número de participantes en clase para el resto de los vídeos, siendo el último el menos visto de todos. Por otra parte, el tiempo medio dedicado a interactuar con los materiales fue más corto en el caso de la primera clase y fue aumentando hacia el final del experimento, aunque incluso en el caso de la última clase fue inferior a la duración real del vídeo. Watanabe (2014) especuló con la posibilidad de que esto se debiera a que los materiales se presentaban en un idioma extranjero, que una parte de los estudiantes podía considerar que estaba más allá de su nivel de comprensión, o a la sensación aparentemente generalizada de que los contenidos ya eran familiares para los participantes o estaban suficientemente cubiertos por el libro de texto, lo que hacía que la tarea previa a la clase fuera redundante. En conclusión, el investigador sugirió que podría ser necesario que las tareas en clase estuvieran más vinculadas a los materiales previos a la clase.

El experimento de Watanabe es notable no sólo por centrarse en el aprendizaje de lenguas extranjeras, sino también por su escala. En aquella época, los experimentos con un gran número de participantes eran escasos lo que ponía en duda la validez de sus resultados. Además, el estudio de Watanabe (2014) demostró claramente que los estudiantes de nivel universitario son, de hecho, capaces de asegurarse el acceso a los materiales audiovisuales.

Los investigadores Marion Engin y Senem Donanci (2014), de la Universidad Zayed de los Emiratos Árabes Unidos, publicaron un artículo sobre el uso de *flipped classroom* para ayudar a los estudiantes en la mejora de sus competencias en el ámbito de la escritura académica. Presentaron el uso de nuevas tecnologías como una herramienta de apoyo a la motivación, ya que los estudiantes se sienten cómodos utilizando los dispositivos para fines educativos institucionales porque ya lo hacen con frecuencia en su vida cotidiana. Según los autores, el uso de dispositivos también contribuye a que el aprendizaje sea más accesible, dando al estudiante la oportunidad de tomar el control sobre su propio aprendizaje, y también ayuda a los que se encuentran con dificultades ya que las tecnologías modernas les permiten comprometerse con los contenidos de aprendizaje de acuerdo con sus necesidades específicas (en su propio espacio, a su propio ritmo y en repetidas ocasiones). Engin y Donanci (2014) decidieron utilizar este fenómeno para los fines de su estudio y llevaron a cabo un experimento. A lo largo de 18 semanas, pusieron en práctica el modelo *flipped classroom* de enseñanza/aprendizaje en la asignatura obligatoria «Composición II». Los investigadores asumieron también el papel de instructores e impartieron la enseñanza a dos grupos de 20 estudiantes cada uno. Ambos grupos utilizaron el modelo *flipped classroom*. En cuanto al contenido, el curso se centró en enseñar a los estudiantes a enfrentarse con eficacia a la tarea de escribir un ensayo académico. El modelo *flipped classroom* empleado por los investigadores se basó en videoconferencias pregrabadas que se pusieron a disposición de los estudiantes a través de la aplicación educativa para dispositivos inteligentes *Educreations*. En *Educreations* se pueden incrustar en los vídeos contenidos como fotos, animaciones o grabaciones de voz. También se permite editarlos subrayándolos y, una vez finalizado el vídeo, se genera un enlace para compartirlo con un público más amplio, lo que se hizo antes de cada clase. Las videoclases fueron creadas por los propios investigadores. Se esperaba que los participantes en el experimento se familiarizaran con los materiales antes de asistir a clase y que realizaran tareas prácticas relacionadas directamente con el tema de cada vídeo, como elaborar un esquema o respaldar sus afirmaciones con pruebas, y que llevaran los resultados a la clase. Como no era necesario repasar repetidamente la teoría en clase, se disponía de mucho tiempo para actividades prácticas durante las sesiones presenciales. Éstas se dedicaron en su mayor parte al proceso de redacción de ensayos, practicado en partes separadas diseñadas para andamiar el avance del aprendizaje. Con el fin de recopilar datos, los investigadores utilizaron un cuestionario, administrado al final del experimento, mediante el cual el equipo pretendía determinar las percepciones de los estudiantes, así como sus ideas sobre los ajustes que podrían hacerse para mejorar los resultados de aprendizaje del modelo *flipped classroom* utilizado. Un gran número de participantes señalaron que los materiales audiovisuales les resultaron muy útiles ya que les sirvieron tanto de introducción bien resumida al tema de cada clase, como de herramienta para un repaso eficaz posterior. La mayoría de los participantes indicaron que se enganchaban repetidamente a los vídeos y muchos manifestaron su aprecio por los materiales de aprendizaje que ofrecían distintos tipos de entrada (textos, imágenes, audio) lo que permitía apreciar a estudiantes de todas las inclinaciones en cuanto a estilos de aprendizaje. Inesperado para los investigadores fue el hallazgo de que la mayoría de los participantes apreciaron el uso de video-conferencias previas a la clase con una revisión posterior en clase, realizada por el instructor, debido a la posibilidad de hacer preguntas para aclarar lo que no entendían a través del estudio individual. Engin y Donanci (2014) sugieren, por tanto, incluir una sesión de repaso y preguntas/respuestas al principio de cada clase para apoyar aún más el aprendizaje efectivo.

Engin (2014) publicó posteriormente un estudio individual titulado *Extending the flipped classroom model: Developing second language writing skills through student-created digital videos*. Engin (2014) decidió ajustar la estrategia tradicional de *flipped classroom* porque creía que ver las video-conferencias era demasiado pasivo y no obligaba a las estudiantes a comprometerse de acuerdo con todo su potencial. Como método para aumentar la participación de las estudiantes, decidió asignarles la tarea de crear el contexto audiovisual. De este modo también pretendía llenar el vacío existente en la investigación publicada ya que hasta entonces no había ninguna publicación que examinara específicamente el uso de vídeos creados por las estudiantes en *flipped classroom* como método para aumentar la competencia lingüística. Engin (2014) trabajó con un grupo de 18 estudiantes, todas ellas mujeres, durante un curso obligatorio centrado en la composición escrita. El curso era el último, el más avanzado, de una serie de tres, que las estudiantes debían aprobar. El investigador asumió también el papel de instructor. Para ahorrar tiempo durante las clases, se decidió emplear el modelo de enseñanza *flipped classroom* de modo que el tiempo de clase presencial pudiera dedicarse a la escritura. El curso utilizó la plataforma educativa Blackboard como espacio donde encontrar los materiales previos a la clase. La profesora subió a la plataforma diez videoconferencias creadas por ella misma que cumplían una doble función. Por un lado, como material teórico que cubría el ámbito del plan de estudios del curso; y por otro, como ejemplos prácticos con los que el alumnado podía modelar su propia creación. Los temas de los vídeos abarcaban, por ejemplo, la organización de ensayos, cómo escribir un esquema, o una propuesta de investigación. Los temas que las participantes podían elegir para la creación de sus propios resultados audiovisuales eran más limitados, aunque dentro del mismo tema general de la escritura, e incluían, por ejemplo, resumir, lista de referencias bibliográficas o citar dentro del texto. Se pidió a las estudiantes que trabajaran en parejas, se las obligó a cumplir un horario establecido y, tras una revisión por parte del instructor, sus vídeos también se publicarían en el sitio web del sistema de gestión del aprendizaje utilizado por la clase. Para recopilar los datos, Engin (2014) utilizó en primer lugar un conjunto de herramientas. La primera de ellas se centraba en las opiniones de las estudiantes sobre su experiencia de aprendizaje a través de videoconferencias y el aprendizaje a través de videoconferencias creadas por sus compañeras. La segunda encuesta se refería al proceso de creación de sus propias videoconferencias con el fin de saber si lo consideraban beneficioso para su aprendizaje y los sentimientos y opiniones generales de las participantes con respecto a la experiencia. Como siguiente paso, el investigador realizó una serie de entrevistas informales no estructuradas con personas voluntarias para obtener más información sobre los hallazgos descubiertos a través del análisis de las respuestas del cuestionario. Las preguntas de investigación que Engin (2014, p. 16) formuló fueron:

1. ¿Cómo desarrollan sus habilidades lingüísticas y de escritura en inglés el estudiantado que crea vídeos digitales sobre aspectos de la escritura académica?
2. ¿Cómo se sienten las estudiantes al aprender de los vídeos creados por otras estudiantes?

Tras el análisis de las respuestas de las participantes, se identificaron varios temas recurrentes. En cuanto al efecto de la creación de videoconferencias en las destrezas de escritura en lengua inglesa de las estudiantes, se informó de que la actividad se consideraba muy beneficiosa, sin embargo este beneficio era más teórico. Las estudiantes tenían que crear conferencias sobre temas centrados en el tema común de la escritura académica y para ello tenían que investigar a fondo los temas y comprenderlos, un proceso a través del cual adquirieron una cantidad considerable de nuevos conocimientos sobre la escritura. Como parte del proceso de creación de las videoconferencias, y dado que las estudiantes tenían a su disposición una gran cantidad de fuentes en línea y fuera de línea, tuvieron que tratar de identificar qué información era relevante para sus respectivas conferencias y qué no lo era. Además, tenían que asegurarse de utilizar una selección adecuada del lenguaje, tanto correcto como apropiado, lo que las hizo centrarse en la precisión de su propia producción en lengua inglesa en general. Además de adquirir amplios conocimientos sobre el proceso de redacción académica y de asegurarse de que tanto la información que presentaban como el lenguaje que utilizaban para hacerlo eran de la categoría adecuada, las estudiantes también tenían que simplificar la información que seleccionaban para los fines de la clase de forma que mantuviera su sentido, pero acortando su extensión y cantidad. Esto no sólo sirvió para practicar las destrezas de la lengua extranjera, sino también para reforzar las destrezas de pensamiento de orden superior en dicha lengua extranjera, lo que les proporcionó una comprensión más profunda de la misma. En cuanto a la percepción del alumnado sobre el aprendizaje a partir de contenidos creados por sus compañeras, los resultados fueron menos alentadores. Por un lado, las participantes sí expresaron su aprecio por el trabajo en grupo y la cooperación durante el experimento. Muchas indicaron igualmente su falta de fe en la validez y exactitud de la información presentada en el trabajo de sus compañeras. Las alumnas manifestaron que estaban más acostumbradas y, por lo tanto, se sentían más cómodas con el estilo de presentación de la información que utilizaba su profesor en comparación con el que utilizaban otras alumnas. En otras palabras, sentían que faltaba la autoridad del profesor en los materiales creados por ellas mismas y por sus compañeras. En general, el investigador destacó que el proceso de creación de las videoconferencias tuvo numerosos beneficios para el dominio de la lengua extranjera de las estudiantes, así como para sus habilidades analíticas y sintéticas; sin embargo, en términos de calidad, no consideraron que los materiales creados por las compañeras fueran equivalentes a los creados por el profesor desde la posición de consumidores. El intento de Engin (2014) de *flipped classroom* con el uso de materiales audiovisuales creados por el estudiantado es único y no solo en su época.

Las investigadoras Diana Angélica Parra-Pérez y Rosa Alejandra Medina Riveros (2014), de la Universidad de La Sabana, Colombia, y de la Universidad de Massachusetts, Estados Unidos, respectivamente, publicaron uno de los primeros estudios sobre la implementación del modelo *flipped classroom* en una clase de inglés como lengua extranjera en particular. Parra-Pérez y Medina-Riveros (2014) abren su artículo con una visión general del efecto de la tecnología en el mundo actual, señalando el impacto específico que ha tenido en el campo de la educación durante los últimos veinte años, con especial atención a las tendencias en la enseñanza/aprendizaje de lenguas extranjeras en las que el paso del aprendizaje basado en libros de texto al aprendizaje potenciado por la tecnología e internet ha sido especialmente evidente. Este también ha sido el caso de Colombia donde la inclusión de la tecnología con fines educativos ha sido apoyada a nivel institucional. Las investigadoras mencionaron el aprendizaje combinado y los enfoques *flipped classroom* como ejemplos de esta tendencia y propusieron un experimento de estudio de caso que articula los dos con el fin de descubrir las dificultades en la implementación de la estrategia a las que se enfrentan todos los miembros implicados de una comunidad de aprendizaje, así como las estrategias utilizadas por estos participantes para superar las dificultades. Parra-Pérez y Medina-Riveros (2014) propusieron un programa de aprendizaje, denominado Plan Umbrella, en el que se expone a los participantes a una serie de tareas ordenadas secuencialmente, en siete niveles de dificultad, que deberían conducir a una mejora del dominio de la lengua extranjera. Plan Umbrella consta de 144 horas de aprendizaje, de las cuales el 80 % tiene lugar de forma individual dirigida por el propio alumno, y el 20 % se cubre mediante sesiones de grupo presenciales. El programa utiliza el sistema de gestión del aprendizaje Moodle, usado para la interacción y el intercambio de contenidos con los participantes. El contenido se crea en la herramienta Course Lab TM y, además de materiales de entrada basados en la teoría, también cuenta con tareas de respuesta automática mejorada centradas en el seguimiento de la comprensión. En relación con cada unidad de aprendizaje, los participantes debían interactuar a través de un foro en línea. Las sesiones presenciales tenían lugar cada semana y contaban con un máximo de 6 participantes cada una. Parra-Pérez y Medina-Riveros (2014) llevaron a cabo un experimento del Plan Umbrella con un grupo de 66 voluntarios matriculados en un curso de inglés como lengua extranjera. La mayoría de los voluntarios (69 %) eran estudiantes universitarios matriculados en diversos programas de la universidad donde se llevó a cabo el experimento; el resto eran empleados de la universidad, ya fuera en puestos administrativos o como parte del profesorado. El nivel de dominio de la lengua inglesa de los participantes no era homogéneo, oscilando entre A1.1 y B2.1, según el *Marco Común Europeo de Referencia para las Lenguas* (Council of Europe, 2001). Tres tutores dirigían el experimento, todos ellos con formación en lingüística o en enseñanza de la lengua inglesa, y un interesado en la implantación de tecnologías en la enseñanza universitaria asumió el papel de supervisor. Dos investigadoras, las autoras del presente artículo, recopilaban datos para su investigación. La pregunta de investigación se definió como «¿Cuáles son los retos y estrategias que estudiantes, tutores y partes interesadas identifican en el programa semipresencial?» (Parra-Pérez & Medina-Riveros, 2014, p. 2831). Con el fin de recopilar datos, las investigadoras emplearon el uso de encuestas en línea, administradas al final del experimento; entrevistas semi-estructuradas con los participantes que participaron en el experimento; notas de campo basadas en la observación en clase recogidas por las investigadoras; y datos en línea. A partir del análisis de los datos recopilados, las investigadoras enumeraron las conclusiones. Según ellas, la vertiente tecnológica del experimento fue beneficiosa, aunque esto se debió en gran medida a que los tutores y la parte interesada se autoproclamaban partidarios del uso de la tecnología en la educación. Por lo tanto, estaban muy motivados para no dejarse abatir por ningún problema que pudiera surgir durante el desarrollo del experimento. Las investigadoras también presentaron el enfoque afectivo-humanístico centrado en el alumno como uno de los factores más influyentes en el éxito del estudio. La interacción y la comunicación, en línea y en persona, también resultaron muy beneficiosas, especialmente en forma de aprendizaje/enseñanza entre iguales. Se plantearon algunas dificultades en cuanto a la elección de los materiales para el estudio individual, así como su volumen. Los tutores optaron finalmente por disminuir la cantidad de materiales previos a las clases. Los estudiantes dieron a los módulos de aprendizaje en línea críticas no concluyentes, algunos apreciaron la práctica adicional, otros se mostraron bastante críticos. Los tutores también se encontraron con dificultades para dar *feedback* eficaz en línea y comentaron que preferían evitar el foro en línea y dar el *feedback* durante las sesiones presenciales. La autonomía del alumnado, o la falta de ella, resultó igualmente ser un problema, ya que una parte del estudiantado no participaba en las tareas de preparación de las sesiones presenciales, lo que hacía que las clases fueran ineficaces y obligaba al tutor a dedicar a la teoría un tiempo que estaba destinado a tareas prácticas. En conclusión, las investigadoras alabaron el uso del aprendizaje combinado, al tiempo que admitieron que era necesario mejorar el diseño, y subrayaron que el apoyo institucional es uno de los requisitos previos para implantar con éxito cualquier método de enseñanza, incluidos los basados en la tecnología.

El experimento que llevaron a cabo Parra-Pérez y Medina-Riveros (2014) llama la atención por la complejidad de su diseño. Su Plan Umbrella parece bien desarrollado y tuvo en cuenta otros principios de la enseñanza eficaz de idiomas (por ejemplo, la disposición secuencial consciente de los materiales) que los diseños de muchos otros investigadores de la época. Además, su uso del sistema de gestión del aprendizaje Moodle, ampliamente disponible y utilizado por instituciones educativas de todo el mundo, es loable en su reconocimiento del hecho de que los educadores que intentan el uso de *flipped classroom* a menudo luchan con software desconocido. Por otro lado, la proporción de aprendizaje individual frente al aprendizaje en clase puede ser uno de los escollos del diseño. Si bien es cierto que se esperaba que los estudiantes realizaran estudios individuales, la gran cantidad de material que se les pedía que asimilaran por su cuenta puede haberles parecido abrumadora y haber dado lugar a las revisiones poco concluyentes de este material de las que informan las autoras.

EXPERIENCIAS CON EL *FLIPPED CLASSROOM* EN CONTEXTOS EDUCATIVOS FORMALES: SEGUNDA OLEADA

Hsiu-Ting Hung (2015), de la Primera Universidad Nacional de Ciencia y Tecnología de Kaohsiung (Taiwán), es la autora de *Flipping the classroom for English language learners to foster active learning*. Presentó la estrategia de enseñanza *flipped classroom* como respuesta a la demanda de un enfoque educativo del siglo XXI. La autora explicó que ha habido un impulso para la modernización de la enseñanza y el aprendizaje que se manifiesta a través de una llamada a estrategias más activas, orientadas a la práctica y basadas en la colaboración para ser empleadas por los educadores. El fin es servir eficazmente a las necesidades de los requisitos siempre cambiantes del mercado de trabajo actual. Hung (2015) afirmó que realizó el estudio en parte para llenar el vacío existente en la investigación publicada sobre esta estrategia de enseñanza innovadora. Si bien en los años anteriores se había observado un fuerte aumento del número de artículos publicados sobre los usos de *flipped classroom* en una variedad de entornos de clase, programas y temas, muy pocos de ellos se centraban en la enseñanza de idiomas en general o en la enseñanza del inglés como lengua extranjera en particular. La autora admitió que la desproporción de estudios sobre el modelo *flipped* en ciencias naturales, especialmente medicina, y ciencias humanas puede deberse a que las humanidades se enfocan en el discurso, el análisis y la enseñanza constructiva, con poco espacio para la transmisión directa de la información, lo que hace que *flipped classroom* sea redundante en la mente de muchos educadores, al basarse en hacer más eficaz la clase en sí, manteniendo el carácter de presentación directa de la información. Sin embargo, la investigadora creía que podía ser de más utilidad y por ello se dispuso a experimentar. Hung (2015) trabajó durante ocho semanas con un grupo de 75 estudiantes en un curso de inglés centrado en la comunicación. El experimento tuvo lugar en Taiwán. Los estudiantes estaban todos en su primer año de estudio, matriculados en programas de pregrado de la universidad en la que tuvo lugar el experimento, y para todos ellos el inglés era una materia obligatoria. La totalidad de la muestra había recibido previamente formación en lengua inglesa durante aproximadamente una década y alrededor del 30% había experimentado cierto tipo de aprendizaje combinado como parte de sus estudios en primaria y secundaria. Antes de tomar parte en la investigación, los participantes se sometieron a una prueba de nivel de inglés mediante el examen TOEIC. El nivel de competencia exhibido por la mayoría de los estudiantes era B1, según lo descrito en el Marco Común Europeo de Referencia para las Lenguas (Council of Europe, 2001). La investigadora diseñó el experimento para probar dos enfoques diferentes del modelo *flipped*: un formato estructurado basado en el uso de WebQuest (grupo de intervención 1); y un formato semiestructurado que no utilizaba WebQuest pero seguía utilizando los principios de *flipped classroom* (grupo de intervención 2). Se creó un grupo de control para comparar los resultados del aprendizaje. En el grupo de intervención 1, se utilizó Google Sites como medio para alojar las WebQuest, debido a la facilidad para navegar por el diseño de la WebQuest y subir los vídeos que tenían que ver antes de la clase. Todos los demás materiales en clase y fuera de clase se ponían a disposición de los estudiantes de esta manera. En el grupo de intervención 2 se utilizó la plataforma educativa TED-Ed, un proyecto de la organización matriz TED Conferences LLC. Los materiales con los que se esperaba que los estudiantes se comprometieran antes de su presencia en clase se publicaron a través de esta plataforma. Se eligió Ted-Ed en parte por su creciente notoriedad entre los educadores partidarios de la innovación y porque ofrece características como la opción de incrustar cuestionarios y/o información adicional a los vídeos ofrecidos. Ambos grupos de intervención debían ver 5 vídeos y completar una tarea de aprendizaje centrada en el vocabulario y la comprensión. El grupo de control fue dirigido de manera tradicional, con exposición a la totalidad de los contenidos en clase, y una tarea tipo proyecto para completar en casa después de la lección. Las tareas en clase se diseñaron para ser aplicadas en los tres grupos implicados e incluían investigación en línea, debates y puesta en común de ideas, trabajo en parejas y en grupo, tareas basadas en la comunicación y similares. En cuanto a la investigación, Hung (2015) estaba interesada en descubrir la influencia, si la había, de cada una de las dos formas de aplicación de la estrategia de enseñanza innovadora en los niveles de dominio de la lengua extranjera del estudiantado, su opinión sobre su experiencia y los niveles de activación en clase. Para determinar si el dominio de la lengua se había visto afectado, y de qué manera, la investigadora administró dos pruebas posteriores, una a mitad del periodo de intervención y otra al final. Con el fin de conocer las percepciones del estudiantado se utilizó un cuestionario y entrevistas, y la actividad del estudiantado se midió mediante el uso de registros enviados periódicamente que incluían información sobre su inversión en términos de tiempo y trabajo. Otros métodos de evaluación del trabajo de los participantes consistieron en cuestionarios periódicos, tareas centradas en la comprensión del material didáctico previo a la clase y una presentación. A través del análisis de los datos recopilados, Hung (2015) señaló que ambos grupos de intervención obtuvieron una puntuación media superior a la de los participantes del grupo de control en la prueba intermedia posterior, y se comprobó que la diferencia era estadísticamente significativa puesto que el grupo de intervención 1 obtuvo una puntuación significativamente superior a la del grupo de intervención 2. En la prueba posterior al final de la intervención, los participantes obtuvieron una puntuación media superior en comparación al grupo control. En la prueba posterior al final de la intervención, el grupo de intervención 1 consiguió de nuevo una puntuación más alta, por un margen estadísticamente significativo, que cualquiera de los otros dos grupos, pero no se encontraron diferencias significativas entre el grupo de control y el grupo de intervención 2. En cuanto a las percepciones del estudiantado sobre el experimento, los grupos que recibieron la intervención indicaron niveles muy altos de satisfacción, significativamente más que los participantes del grupo de control. Las personas que experimentaron la *flipped classroom* apreciaron especialmente la forma, la estructura y el contenido de los materiales previos a la clase, el uso de la tecnología con fines didácticos y el apoyo a la autonomía del alumno y al aprendizaje autodirigido que estuvo presente durante el experimento. La mayoría de las personas que asistieron a ambos grupos experimentales también informaron de que su preparación para las lecciones presenciales fue más larga y requirió más esfuerzo que para una lección no invertida, atribuyendo el mérito de esto al hecho de que el compromiso con las tareas previas a la clase hizo que su participación activa fuera menos trabajosa durante la lección presencial. Además, la clase invertida se consideró beneficiosa para estudiantes de todos los niveles de competencia y estilos de aprendizaje debido a su mayor adaptabilidad. En general, el experimento se consideró un éxito. En conclusión, Hung (2015) señala que la *flipped classroom* no es simplemente una transferencia de la lección a la pre-clase. El área de estudio individual y la actividad en clase, la interacción y la colaboración son todos sus puntos focales y objetivos, haciendo hincapié en el formato holístico del modelo *flipped*.

El equipo de investigación ruso formado por Arina Evseeva y Anton Solozhenko (2015), de la Universidad Politécnica de Tomsk, publicó el artículo *Use of Flipped Classroom Technology in Language Learning*. Se presenta una visión general de su experimento con *Flipped Classroom* en una clase de idiomas y, basándose en su experimento y en la revisión de la literatura disponible, intentan evaluar la utilidad de esta estrategia de enseñanza/aprendizaje tanto para profesores como para estudiantes. Evseeva y Solozhenko (2015) explicaron que en el mundo moderno de hoy el objetivo de la educación no debería ser simplemente ofrecer a los estudiantes la mayor cantidad posible de información y hacer que la aprendan de memoria, sino que debería centrarse en preparar a los alumnos para la realidad extraescolar, durante la cual se les pedirá que apliquen la información aprendida, analicen, creen y, en general, utilicen las habilidades de pensamiento de orden superior. En otras palabras, los autores subrayan la importancia de aprender para la vida, un propósito para el que consideran que el uso de internet, los ordenadores y otras tecnologías modernas no son simplemente una ayuda, sino una necesidad. Además, señalaron que el uso de las tecnologías no es beneficioso únicamente por mantenerse al día con el mundo circundante, sino que ayuda a que la vida en clase sea más fácil y beneficiosa para todos los implicados. Esto se debe principalmente, según los autores, a la amplia disponibilidad de los contenidos teóricos que proporcionan internet y la tecnología, pero también como factor de motivación de los participantes. Evseeva y Solozhenko (2015) realizaron un experimento durante un curso de inglés en el Instituto de Ingeniería Energética de su universidad de origen. Los participantes estaban todos en su segundo año de estudios universitarios y no eran estudiantes de lengua inglesa (estaban matriculados en programas técnicos en la Universidad). Los investigadores decidieron emplear una versión inusual del modelo *flipped classroom* en la que invirtieron y trasladaron a internet la mitad de las clases que normalmente tendría el curso. En el experimento se utilizó la plataforma educativa Moodle, elegida por las numerosas ventajas que ofrece tanto a los educadores como a los alumnos, en particular las características que permiten la interacción y la comunicación entre los matriculados, la facilidad y adaptabilidad de uso y, por último, la baja carga económica que supone para un profesor. Antes de cada sesión de clase, los investigadores hicieron que los alumnos participaran en conferencias audiovisuales sobre el tema de la lección siguiente. También se esperaba que los participantes lo hicieran activamente en foros de debate, formulando preguntas, y que estudiaran otras fuentes de información en internet sobre cada tema. Durante las sesiones presenciales, el profesor se aseguraba de ofrecer una visión general del tema, con el fin de volver a explicar cualquier concepto teórico tratado en la videoconferencia que el alumnado tuviera dificultades para comprender, y a continuación se proseguía con actividades centradas en la oratoria y en las habilidades de pensamiento de orden superior, como debates en clase o elaboración de informes. Después de la clase, se pedía a los participantes que evaluaran el trabajo de sus compañeros y sus compañeras, comprobaran su nivel de dominio de la teoría tratada mediante pruebas y expresaran su opinión sobre el desarrollo de cada lección. Evseeva y Solozhenko (2015, p. 207) definieron los objetivos de su estudio del siguiente modo:

- evaluar la eficacia de la *flipped classroom* en la enseñanza y el aprendizaje de la lengua inglesa.
- obtener una visión general del concepto de la tecnología *flipped classroom* en el proceso educativo.
- conocer las ventajas que ofrece la clase invertida.

Para satisfacer estos objetivos, los investigadores revisaron en primer lugar la literatura científica disponible. Cabe señalar que, en aquel momento, las fuentes científicas centradas específicamente en los usos de *flipped classroom* en la enseñanza de la lengua inglesa, o en el tema más general de la enseñanza y el aprendizaje de idiomas, aún no eran numerosas. Gran parte de las variables implicadas en la aplicación del modelo *flipped classroom* todavía no se habían examinado adecuadamente, lo que limitaba bastante las opciones de los autores a la hora de elegir las fuentes más relevantes. Después, el equipo se focalizó en su propio experimento, a través del cual pudieron ofrecer reflexiones sobre su implicación con la estrategia *flipped* y también realizar una encuesta con cuestionarios entre las personas participantes que se centró en la percepción de los propios estudiantes sobre su experiencia. Los investigadores informaron de que el rendimiento académico de su alumnado aumentó como resultado de la implementación del modelo *flipped*, aunque no se determinó si este incremento tenía significación estadística. También señalaron las mayores tasas de actividad del estudiantado en el aula como una de las principales ventajas de la estrategia, así como la flexibilidad y disponibilidad de aprendizaje fuera del aula, que según ellos funcionó como un factor de motivación de los participantes. Las respuestas del estudiantado también fueron positivas. La gran mayoría expresó su afinidad hacia el uso de la estrategia *flipped classroom* en su clase. Casi todos los encuestados indicaron que apreciaban la amplia accesibilidad de las fuentes teóricas disponibles en línea y aproximadamente 3 de cada 4 participantes reconocieron el impacto positivo de la comunicación y la interacción facilitadas a través de la plataforma de aprendizaje. Por otra parte, los participantes mencionaron una serie de obstáculos entre los que destacaban el acceso todavía no universal a internet, el hecho de que las tareas fuera de clase exigían demasiado tiempo y los problemas del estudiantado con el aprendizaje autónomo autodirigido. A pesar de estas dificultades, los investigadores creen que *flipped classroom* tiene un impacto positivo en el aprendizaje de idiomas y promueven su uso más amplio en el mundo educativo.

Joy Egbert, David Herman y Hyun Gyung Lee (2015), investigadores de la Universidad Estatal de Washington (EE. UU.), publicaron una descripción general de su experimento con el modelo *flipped classroom* utilizado para ayudar a enseñar al futuro profesorado. Egbert, Herman y Lee (2015) explican que las clases tradicionales se basan fundamentalmente en clases magistrales, gran parte de las cuales se dedican al tiempo de conversación con el profesor, mientras que el estudiantado permanece inactivo y supuestamente escucha o, en el mejor de los casos, toma notas. Los investigadores creen que este tipo de enseñanza hace que el alumnado se vuelva pasivo ante el aprendizaje en general y subrayan que la cuestión es especialmente preocupante en el entorno de las escuelas de magisterio donde se forma al futuro profesorado. Egbert, Herman y Lee (2015) admiten que aprender a enseñar nunca es una hazaña fácil y que requiere práctica, tiempo y exposición a los estilos y estrategias de enseñanza más innovadores. El equipo propone el modelo *flipped classroom* como una posible solución, por un lado, señalando su alto potencial para hacer una clase más activa y, por otro, enfatizando el hecho de que no elimina por completo el visionado del video, que los investigadores siguen viendo como una estrategia de enseñanza beneficiosa que tiene su lugar en el proceso de aprendizaje/enseñanza. Además de mantener la clase magistral, los autores señalan otras ventajas de *flipped classroom*, como el mayor índice de actividad del alumnado, el uso de la tecnología con fines educativos y el papel del profesor como líder y facilitador. Su experimento tuvo lugar en la Facultad de Educación de su institución de origen y fue revisado y aprobado oficialmente por dicho organismo educativo. La duración del experimento fue de dos semestres, de diez semanas cada uno, con sesiones de clase una vez a la semana. Los participantes eran 106 estudiantes matriculados en diversos programas de la Facultad de Educación orientados a la enseñanza para los que la introducción al inglés como segunda lengua formaba parte del plan de estudios obligatorio que conducía a la obtención del título de maestro en su último año de estudios universitarios. Los autores admiten que no se informó explícitamente al estudiantado participante ni se le explicó el propósito de las observaciones (para las que se contó con la presencia de 4 personas más en sus clases). El equipo de investigación estaba formado por los dos autores del artículo, uno de los cuales también asumió el papel de instructor durante la duración del experimento, tres estudiantes de doctorado en el área de educación y un posdoctorado. Todos los miembros del equipo de investigación tenían experiencia en la enseñanza de idiomas y conocían bien el uso de las tecnologías educativas. A efectos del experimento, el curso utilizó una wiki, a través de la cual se pusieron a disposición de los participantes tareas, fuentes de información, plazos y asignaciones. También sirvió como medio de interacción fuera de clase entre el estudiantado y el equipo de investigación. Para aumentar aún más la disponibilidad y universalidad del curso, los investigadores utilizaron la plataforma educativa Moodle. Los miembros del equipo de investigación tomaron notas sobre el terreno basándose en las observaciones de las clases. Además, se llevaron registros durante la primera parte del experimento para anotar los patrones de actividad e interacción; se observó y anotó el compromiso del estudiantado con los materiales fuera de clase; y se administraron evaluaciones parciales y cuestionarios a lo largo del semestre para determinar si la percepción del estudiantado sobre el modelo *flipped* evolucionaba y cómo lo hacía. El tiempo facilitado por el traslado de las clases a la zona virtual previa a la clase se utilizó para que el estudiantado pudiera realizar trabajo de campo, como visitar clases de K12, participar en actividades de apoyo a la diversidad organizadas por la universidad y visitar lugares donde se reunían miembros de comunidades lingüísticas minoritarias. El estudiantado debía presentar informes y reflexiones sobre estas actividades. Para personalizar aún más la comprensión del discente para el que el inglés no es su lengua materna, una parte de la plataforma Moodle se tradujo al chino e incluyó tareas y lecturas sobre la lengua china, con las que el estudiantado debía comprometerse. Además, se invitó a miembros de la comunidad internacional a las clases para que compartieran su experiencia. Junto a las lecturas que cubrían la teoría impartida a los participantes, las conferencias previas a la clase también se ofrecieron en su versión audiovisual, transformadas en vídeos mediante el programa de edición de vídeo Corel VideoStudio Pro X4 y disponibles a través de la plataforma de almacenamiento de vídeos en línea Screencast.com. Los vídeos tenían una duración de entre 5 y 14 minutos, se crearon con la colaboración del equipo de investigación para los fines del experimento e incluían secciones formales e informales, así como breves cuestionarios centrados en el seguimiento de la comprensión. Según se observó a través de los registros de datos de los vídeos, aproximadamente un tercio del estudiantado sólo utilizó las vídeo-conferencias para aprender el alcance requerido de la teoría, alrededor del 10% sólo uso los textos, y la mitad de los restantes utilizó la combinación de ambos. Durante las sesiones presenciales, además de las actividades fuera de clase centradas en experimentar el escenario del mundo real, fueron frecuentes los debates, la microenseñanza, la instrucción entre iguales y los ejercicios de colaboración en grupo. El equipo de investigación pretendía responder a las siguientes preguntas a través de su estudio (Egbert, Herman y Lee, 2015: p. 6):

— ¿Cómo reacciona el estudiantado de magisterio ante un cambio en el formato de su enseñanza?
— ¿Cómo perciben y utilizan los recursos adicionales, incluidos los compañeros?
— ¿Cómo perciben el estudiantado y los miembros del equipo de investigación la implantación de la instrucción invertida en la formación del profesorado?
— ¿Qué principios son importantes para ellos?

Basándose en las observaciones dentro y fuera de clase, se identificaron varios factores que obstaculizaban el éxito global del experimento *flipped classroom*. Los clasificaron en tres categorías: los problemas técnicos, los relacionados con el proceso y los relacionados con los contenidos. En la primera categoría se agrupan problemas como que no todo el alumnado dispone de los aparatos técnicos necesarios, la organización de los contenidos en las plataformas web, cuestiones técnicas relativas a los vídeos o la insuficiente capacidad de recogida de datos del software elegido. En la categoría de procesos figura la baja comprensión por parte del alumnado de las tareas que se les piden. Entre los problemas con los contenidos se incluyen la dificultad para localizar lo que buscaban, la incomprensión de la tarea de publicación de preguntas, la confusión debida al exceso de recursos disponibles, la petición del alumnado de que las instrucciones de la tarea fueran más específicas y la insuficiente orientación sobre la wiki. Cabe destacar que cuando se reorganizó la wiki a petición del estudiantado, este se mostró muy agradecido por haber sido escuchado. Tomando como referencia la investigación, el equipo propuso las siguientes recomendaciones sobre *flipping*: tener en cuenta la formación del alumnado, tener en cuenta las diferencias en los campos de estudio del estudiantado, asegurarse de que su modelo *flipped* permite flexibilidad, incorporar diferentes formas de instrucción y diseñar una herramienta de supervisión. Los autores afirman que el éxito del modelo *flipped classroom* no depende principalmente de las videoconferencias en sí, o de seguir fielmente cualquiera de las guías oficiales paso a paso, y es importante recordar que para que la instrucción sea eficaz, debe tenerse en cuenta el contexto en lugar de aplicarse como una entidad establecida. Egbert, Herman y Lee (2015) llevaron a cabo un experimento de *flipped classroom* de una escala inusualmente grande para la época.

Namhee Kang (2015), de la Universidad Chung-Ang de Corea del Sur, autor de *The Comparison between Regular and Flipped Classroom for EFL Korean Adult*

Learners, centró su investigación en determinar la eficacia del modelo *flipped classroom* en la enseñanza del inglés a adultos. En términos de motivación para su estudio, Kang (2015) se refiere al carácter del siglo xxi de la estrategia *flipped*, exhibido a través de la combinación del uso de tecnologías educativas modernas, incluyendo Massive Open Online Courses, con su promoción de enfoques de enseñanza centrados en el estudiante y el apoyo a la autonomía del alumno. A lo largo de 16 semanas, el investigador asumió el papel de instructor durante el curso de «Inglés 2». Había 24 estudiantes matriculados en el curso, todos ellos en el primer o segundo año de sus estudios universitarios, y los programas generales que estudiaban abarcaban desde la música hasta los deportes, pasando por las ciencias. Al principio del curso se determinó que sus conocimientos de inglés tampoco eran homogéneos, ya que oscilaban entre el nivel principiante y el intermedio alto. A efectos del experimento, el alumnado al que daba clase Kang se convirtió en el grupo experimental, en el que se aplicó la intervención. El grupo de control recibió clases de otro profesor. Constaba de 42 estudiantes, distribuidos en tres grupos diferentes en los que también había estudiantes que no participaban en el experimento. Todos ellos eran estudiantes de primer año. El curso en el que se aplicó el experimento tenía clases dos veces por semana y contaba con un programa de estudios establecido por la institución, por lo que ambos grupos debían seguir y cubrir el mismo ámbito curricular y utilizaban el mismo libro de texto (*American English File 2*). Al grupo experimental se le asignaron dos tareas de preparación previa: una de visionado de video-conferencias que cubrían las explicaciones de las características gramaticales vinculadas al tema de cada clase, y otra de visionado de videos de YouTube y realización de fichas de trabajo centradas en el vocabulario y la comprensión. Al principio de cada clase, el profesor administraba un cuestionario que servía para comprobar si el estudiantado había asimilado los materiales previos a la clase. Las videoconferencias se crearon utilizando diversos programas, como Camnori, Badicam, Daum PotEncoder y MS PowerPoint, complementados por la plataforma de intercambio de vídeos YouTube y la plataforma educativa Blackboard, a través de las cuales se compartió el contenido con los participantes. Existía un sitio web oficial, proporcionado por la universidad, para compartir los contenidos del curso en línea y disponible para todos los instructores (por tanto, no creado específicamente para los usos del experimento de Kang), pero se consideró menos adecuado que la plataforma Blackboard. La estrategia de enseñanza/aprendizaje en la clase experimental se centraba en enfoques inductivos ascendentes y el vocabulario se enseñaba siempre dentro de un contexto. Por otro lado, en el grupo de control se utilizó una estrategia de enseñanza más tradicional, con estrategias deductivas descendentes y el vocabulario se enseñaba sin contexto. A través de su estudio, Kang (2015, p:42) buscaba respuestas a las siguientes preguntas de investigación:

1. ¿Es eficaz la clase invertida para mejorar los conocimientos de gramática y vocabulario del alumnado en comparación con la clase normal?
2. ¿En qué medida está bien integrado el modelo *flipped classroom*?
3. ¿Cómo percibe el estudiantado del *flipped classroom* a la hora de mejorar sus conocimientos de gramática y vocabulario?

Para determinar las respuestas a las preguntas de la investigación, el investigador empleó diversos métodos de recopilación de datos. Con el fin de averiguar si el modelo *flipped classroom* haría que el estudiantado adquiriera mejores conocimientos y destrezas, se administraron un pre-test y un post-test adoptados del examen MOCK TOEIC. Cada prueba constaba de 20 ítems divididos entre vocabulario y gramática. El análisis de los resultados de los pre-test y post-test en el grupo *flipped* muestra que hubo un aumento estadísticamente significativo en las puntuaciones totales del estudiantado, así como en sus habilidades gramaticales y en sus conocimientos de vocabulario. El grupo de control no logró una mejora estadísticamente significativa en ninguna de las áreas investigadas, aunque la puntuación media sí aumentó en cierto margen.

Para responder a la cuestión de la calidad de la combinación del aprendizaje en el grupo *flipped*, el investigador utilizó los registros del estudiantado, presentados después de cada clase, a través de los cuales los participantes expresaron su satisfacción y percepción de la utilidad de cada uno de los vídeos y la hoja de trabajo tanto para el aprendizaje de idiomas como para la participación en las actividades en clase. Basándose en el análisis de los resultados, Kang (2015) afirma que la versión del *flipped classroom* utilizada por él mismo demostró estar bien diseñada y sirvió al estudiantado tanto para ayudarles a mejorar su dominio de la lengua inglesa, como para participar plenamente en cada sesión de clase. Por último, para determinar la percepción que tenían sobre esta estrategia didáctica, el investigador realizó una encuesta mediante cuestionario y entrevistas en profundidad. Los datos recogidos de ambas hablan en general de la opinión positiva del estudiantado sobre su experiencia, ya que el 92 % declaró explícitamente que estaba satisfecho con la estrategia innovadora de enseñanza/aprendizaje. La gran mayoría (96 %) afirmó que las actividades en clase le resultaron entretenidas y muchos expresaron su agradecimiento por la disponibilidad del instructor y respondieron que su labor como facilitador ayudó a su aprendizaje. La mayoría de las personas (87 %) también consideraron que la estrategia *flipped* y los materiales previos a la clase eran útiles para alcanzar los objetivos de aprendizaje, e informaron de que las tareas estaban conectadas con la vida real y se podían utilizar en ella. El obstáculo identificado por el instructor fue que parte del estudiantado no completó sus tareas previas a la clase y luego no estaba presente en clase, o se convertía en una presencia disruptiva debido a la incapacidad para seguir la clase.

Ahmet Basal (2015), profesor del Departamento de Enseñanza de Lenguas Extranjeras de la Facultad de Educación de la Universidad Técnica Yildiz de Turquía, centró su estudio *The Implementation of a Flipped Classroom in Foreign Language Teaching* en determinar las opiniones de su alumnado sobre la estrategia *flipped classroom*. Basal describió la creciente popularidad del modelo en el contexto de los enfoques educativos modernos y las tendencias educativas del siglo XXI. Según él, estas se caracterizan frecuentemente por el uso de la tecnología de aprendizaje, el paso de un entorno de clase centrado en el profesor a otro centrado en el alumno, y un enfoque más activo. Manifestó igualmente su convencimiento de que el empleo del modelo invertido permitiría al profesorado seguir más a fondo los respectivos planes de estudios ya que habría más tiempo disponible en las clases. Basal (2015) subraya que un modelo invertido bien implementado no consiste simplemente en convertir las clases en materiales audiovisuales previos a la clase, sino que la sesión de clase tiene que transformarse en un espacio interactivo, para la vida, centrado en las habilidades de pensamiento de orden superior, lo que haría que el proceso de aprendizaje fuera más significativo. Además de descubrir las actitudes de las personas participantes, el investigador también pretendía dar a conocer métodos de enseñanza innovadores e introducir al alumnado en el modelo *flipped*. A lo largo de dos semestres de un curso académico, Basal trabajó con 47 estudiantes participantes en el experimento que estaban matriculados en las asignaturas obligatorias «Lectura y Escritura Avanzada I» y «Lectura y Escritura Avanzada II». Como método de recopilación de datos, se asignó a los participantes la tarea de responder a la pregunta abierta: «¿Cuáles son los beneficios de utilizar la videoconferencia en «Lectura y Escritura Avanzadas I y II»? (Basal, 2015, p. 30). Las respuestas del estudiantado fueron codificadas y clasificadas según temas recurrentes. El investigador revisó su forma de implementación *flipped classroom*, identificando los beneficios y obstáculos, y ajustó la segunda parte del curso. Los datos se recogieron mediante el uso de Padlet.com y la herramienta Web 2.0. Entre los obstáculos con los que se topó el investigador durante la realización del estudio se encontraban el hecho de que los participantes no interactuaran con los materiales previos a la clase y acudieran a la clase sin preparación, las quejas del estudiantado sobre el retraso en la publicación puntual de una parte de las clases en vídeo y las críticas sobre la inversión de tiempo necesaria para interactuar con los materiales previos a la clase. Para resolver el primer problema, el investigador utilizó elementos ocultos incrustados en los vídeos y afirma que los vídeos se publicaron en línea con un plazo mínimo de 4 días para su visionado y que nunca superaron el umbral de los 15 minutos de duración. Las respuestas del estudiantado a la pregunta de investigación pueden clasificarse en 4 categorías: aprendizaje a ritmo propio; preparación eficaz; eliminación de las limitaciones de tiempo en clase; y mayores índices de participación. En la primera categoría, los encuestados señalaron específicamente que la posibilidad de pausar y rebobinar, y la opción de establecer su propio horario de visionado de los vídeos eran especialmente beneficiosas para su aprendizaje. En la segunda categoría, las personas participantes expresaron su agradecimiento por poder utilizar las videoconferencias fuera y antes de las sesiones de clase, tanto para familiarizarse con cada lección concreta, ya que los conocimientos adquiridos de antemano les hacían estar más preparadas para participar, como para poder ver lo que supondrían las clases en un futuro más lejano, lo que les daba una idea más completa del alcance previsto del aprendizaje. En la tercera categoría, el estudiantado indicó que consideraba que el tiempo ofrecido por la clase es insuficiente para un aprendizaje eficaz de la lengua extranjera, por lo que la oportunidad de entrar en contacto con ella fuera de clase se considera muy valiosa. Y, por último, en cuanto al cuarto factor, el estudiantado señaló que la comodidad que supone acudir a clase ya preparado en términos teóricos le hace menos tímido y más abierto al aprendizaje activo. En general, el experimento se consideró un éxito. En conclusión, Basal (2015) subraya la importancia de las actividades en clase y hace hincapié en que una planificación diligente es realmente útil para el éxito en el cumplimiento de los objetivos de cualquier modelo de *flipped classroom*.

Channy Roth y Suksan Suppasetseree (2016), investigadores de la Universidad Tecnológica de Suranaree, Tailandia, se centraron en su estudio en los usos de *flipped classroom* para mejorar el progreso del estudiantado en la comprensión auditiva, una de las cuatro competencias lingüísticas básicas. Roth y Suppasetseree (2016) explican que en Camboya, donde se llevó a cabo su estudio, el dominio del inglés se considera una destreza fundamental para las posibilidades de éxito de una persona en el mercado laboral. Afirman que la capacidad de dominar la lengua extranjera no solo debe considerarse una destreza lingüística, sino una herramienta esencial que influye en el futuro éxito profesional. Los investigadores eligieron a treinta estudiantes preuniversitarios como sujetos para su experimento. El método de investigación empleado por el equipo recopiló datos mediante el uso de pruebas previas y posteriores, entrevistas semiestructuradas y un cuestionario. Roth y Suppasetseree (2016) fueron los autores del diseño de la preprueba y la posprueba, centradas en evaluar la comprensión auditiva de los estudiantes, basada en la redacción de resúmenes. La rúbrica de calificación se basó en el *Pearson Test of English Academic.* El interés de los investigadores se centró principalmente en las dos áreas focales: la eficacia de la enseñanza invertida para apoyar la mejora de la destreza auditiva del alumnado (en lengua inglesa); y las opiniones de estos sobre su experiencia con la *flipped classroom* utilizada para este fin. Durante la intervención, las personas participantes recibieron videoconferencias que debían ver antes de la sesión de clase, y también se les pidió que escribieran un resumen del vídeo. Las videoconferencias no fueron creadas por los investigadores, sino extraídas de YouTube. Los investigadores optaron por Facebook, un sitio web de redes sociales, como medio de interacción fuera de clase y sede de su aula virtual. También se pidió a los participantes que completaran cuestionarios, compartidos con ellos a través de Facebook, y se les animó encarecidamente a participar en el aprendizaje individual con la ayuda de recursos en línea, y a interactuar y comunicarse con sus compañeros fuera del horario de clase. Las puntuaciones obtenidas por el alumnado en la prueba previa fueron inferiores a las obtenidas en la prueba posterior, y la diferencia resultó ser estadísticamente significativa. En otras palabras, las capacidades de comprensión oral de los participantes aumentaron en un margen significativo gracias al uso de la estrategia de enseñanza *flipped classroom*. Los resultados del cuestionario y de la entrevista subrayan aún más el resultado positivo del experimento. Los encuestados indicaron que sus percepciones de su experiencia con el aprendizaje a través de este modelo de enseñanza fueron en general positivas. La mayoría de los participantes estaban totalmente de acuerdo en que la estrategia *flipped classroom* les ayudó a desarrollar mejores destrezas de comprensión oral y que, si tuvieran la oportunidad de elegir, optarían por estudiar la lengua inglesa mediante el modelo *flipped* en general. Los participantes también apoyaron firmemente la idea de que la comprensión auditiva en lengua inglesa mejoraba mediante el uso frecuente de materiales audiovisuales. Algunos estudiantes apreciaron el hecho de que, cuando se enfrentaban a obstáculos que no eran capaces de abordar por sí mismos, tenían la oportunidad de ponerse en contacto con sus compañeros o incluso con el instructor a través de mensajería instantánea o comentarios directamente a través del foro en línea en uso, y obtener ayuda para encontrar una solución. Otros señalaron que les gustaría tener la oportunidad de experimentar la estrategia *flipped classroom* también en otros cursos, enumerando cursos como metodología de la enseñanza, matemáticas o marketing entre las opciones ideales. La conveniencia de poder prepararse adecuadamente para la clase y reforzar así la confianza en uno mismo se citó como la razón de la preferencia por el modelo *flipped classroom*. La posibilidad de trabajar con los materiales didácticos a su propio ritmo, con la opción adicional de pausar y rebobinar cuando sea necesario y la opción de trabajar con estos materiales fuera del entorno de la clase, aunque no hayan estado presentes en ella, se mencionaron igualmente como algunos de los atractivos de este tipo de enseñanza. Los investigadores añaden que aumentó la capacidad de los participantes para asumir la responsabilidad de su propio progreso, el aprendizaje autodirigido y la autogestión, y mejoró la interacción entre los propios estudiantes y también entre los estudiantes y su instructor.

La investigación específica de Roth y Suppasetseree (2016) sobre los efectos de la clase invertida en las destrezas de comprensión oral en inglés es el primer estudio centrado exclusivamente en esta destreza lingüística. Los autores informan que han llevado a cabo un experimento incorporando el uso de uno de los sitios de medios sociales más notorios. Esto puede servir de inspiración al profesorado que aspira a invertir sus propias clases, haciendo hincapié en el valor añadido que las características interactivas de las redes sociales y las aplicaciones ofrecen al usuario. Además, cabe esperar que el alumnado (y muy probablemente también la mayoría del profesorado) esté familiarizado con el uso de las redes sociales, lo que facilitaría su uso en clase y haría menos complicada su navegación. No se hace mención de cómo el bienestar docente puede verse mermado por el uso continuado de las redes sociales fuera del horario escolar.

Shelly Shaffer (2016), profesora asistente de la Eastern Washington University, EE.UU., publicó el estudio *One High School English Teacher: on his way to a flipped classroom* basado en el experimento que realizó sobre el uso de *flipped classroom* para la enseñanza de la literatura estadounidense. Shaffer (2016) realizó observaciones de clase, entrevistas con el instructor y analizó datos en la clase de un profesor dispuesto, el Sr. Riggs (seudónimo) que deseaba reformar su curso para que la clase fuera más significativa y activa, e intentar utilizar una mayor cantidad de tecnología, según las recomendaciones oficiales del Estado para los educadores. El propósito del estudio de caso de Shaffer (2016) era averiguar cómo un profesor experimentado, titulado en tecnología educativa, aplicaría el modelo *flipped* en una clase tradicionalmente basada en la lección magistral. Shaffer (2016) realizó el estudio con 36 estudiantes de 11.º curso centrada temáticamente en el análisis de un clásico de la literatura estadounidense, *El Gran Gatsby* (F. S. Fitzgerald). Los alumnos matriculados en el curso mostraban un nivel de diversidad que se hacía eco de la diversidad de la propia comunidad escolar ya que alrededor del 60 % de los participantes procedían de entornos socialmente desfavorecidos. En las clases se utilizaron diversas innovaciones tecnológicas. El profesor usaba vodcasts en forma de vídeos PowerPoint en línea para enseñar los temas de las lecciones, se pedía a los alumnos que rellenaran WebQuests y completaran cuestionarios a través de Google Docs, y se inició un blog que funcionaba como foro de preguntas sobre el tema y medio de interacción y cooperación. El Sr. Riggs no utilizó vodcasts durante todo el experimento, sino que los abandonó en cierto momento al darse cuenta de que había estudiantes que no podían, o para los que era muy complicado, comprometerse con los materiales, debido a la «brecha digital», es decir, a no tener acceso a la tecnología necesaria en casa. Shaffer realizó tres entrevistas al instructor, una antes de comenzar la intervención, otra a mitad de esta y la última una vez finalizado el experimento. Las entrevistas se basaron en preguntas abiertas, ya que lo que se pretendía era que el entrevistado diera toda la información posible y se evitase la pérdida de datos por no hacer la pregunta adecuada. La primera entrevista se centró en los conocimientos previos del profesor sobre el modelo *flipped*, sus habilidades en el ámbito de las innovaciones tecnológicas educativas y la planificación de unidades y clases. La segunda entrevista se focalizó en la visión del profesor sobre el desarrollo del proyecto, los obstáculos que ya podía identificar, los ajustes necesarios que tenía que hacer y las ventajas de la metodología que podía ver inmediatamente. La tercera entrevista abordó las alteraciones planeadas para las futuras clases del instructor, las limitaciones y ganancias del proyecto, y su visión del aprendizaje de los estudiantes. Shaffer (2016) también recopiló notas de campo y documentos (los materiales de clase utilizados tanto durante las sesiones de estudio en casa como durante las lecciones en clase; varias hojas de trabajo, presentaciones, páginas web) y tomó notas sobre las actividades que tenían lugar en el aula, la comunicación que se producía, el aspecto físico de la clase y las interacciones tanto entre los propios alumnos como entre los alumnos y su profesor. El análisis de los datos recogidos aludió a factores como el uso de ed-tech, el nivel de cognición, los cambios en la organización tradicional y los requisitos en clase, la elección de lecciones adecuadas para *flipped*, la elección de la tecnología que se iba a utilizar, el tipo de preguntas utilizadas y su frecuencia, los cambios en la estrategia de instrucción, la motivación, el ambiente, etc. La investigadora informó de que la estrategia *flipped* permitió a todo el estudiantado participar activamente en la clase y favoreció la reflexión sobre el material y la preparación de los temas complicados de antemano, fomentando una mayor comprensión de los conceptos que se le presentaban en el libro de texto. El profesor informó de que sus habilidades tecnológicas mejoraron e incluso, tras la finalización del proyecto, su metodología de enseñanza cambió. Por otra parte, especialmente al principio, durante la fase de planificación, el proyecto fue muy exigente y le llevó mucho tiempo al profesor. En conclusión, Shaffer recomienda que los profesores que deseen utilizar la estrategia *flipped* en sus aulas tengan acceso a formación en el ámbito de las competencias tecnológicas, la planificación eficaz de las clases con antelación y la realización de tareas centradas en las competencias cognitivas de orden superior.

El artículo *Analyzing the Potential of Flipped Classroom in ESL Teaching* escrito por O.S. Kvashnina y E.A. Martynko (2016), de la National Research Tomsk Polytechnic University de Rusia, ofrece para su revisión un experimento centrado en los usos de *flipped classroom* en una clase de inglés con fines específicos. Kvashnina y Martynko (2016) citaron la disminución de las horas lectivas y la escasez de instructores cualificados, por un lado, y la falta de motivación del estudiantado, por otro, como las razones del experimento. Los investigadores llevaron a cabo su experimento con cuatro grupos de 42 estudiantes en una asignatura obligatoria de «Inglés para Ingeniería». El objetivo del curso era dotar al estudiantado de las especialidades de ingeniería mecánica, Ingeniería Química, Ingeniería Biomédica y Óptica de las destrezas lingüísticas que utilizarían en sus respectivas áreas profesionales. La parte presencial del curso tenía una duración de 64 horas, con contenido electrónico adicional basado en la web, destinado a apoyar aún más los resultados del aprendizaje. Para los fines del experimento se utilizó la plataforma educativa Moodle, junto con otras herramientas que podían añadirse a la oferta de la propia plataforma. Las lecturas utilizadas en el curso, con las que se pretendía que el estudiantado se comprometiera antes de la respectiva lección presencial, tenían forma de presentaciones PowerPoint y de vídeos y podcasts creados a través del software Powtoon. Los autores subrayan la importancia de emplear medidas que aumenten la motivación de los participantes para que se familiaricen con los materiales previos a la clase. Por ejemplo, mediante la evaluación de la visualización de las clases, el uso de tecnologías innovadoras atractivas para el estudiantado, o recursos interesantes. En su caso, asignaron tareas previas a las clases en forma de cuestionarios en línea, redacción de comentarios o explicaciones, o debates en foros. Kvashnina y Martynko (2016) también señalan que con el fin de que el modelo *flipped* alcance los resultados previstos, es importante preparar actividades para las sesiones en clase que se basen en actividades cognitivas superiores, como el análisis, la síntesis y la creatividad. Otro objetivo esencial que debe perseguir el modelo *flipped* es mejorar la competencia comunicativa del alumnado en inglés. Los investigadores pasaron una encuesta en forma de cuestionario y realizaron entrevistas para conocer la opinión de los participantes. Partiendo del resultado, afirman que la mayoría tiene una opinión favorable de la estrategia. Señalan que el estudiantado puede utilizar su estilo de aprendizaje particular y que su velocidad individual de aprendizaje no le supone un obstáculo, lo que permite que incluso las personas más tímidas adquieran más confianza. El tiempo limitado en el aula puede emplearse en actividades orientadas a la colaboración y la producción comunicativa. Los avances en el aprendizaje también son impresionantes. Según la *Prueba Objetiva Final de Rendimiento* que administraron los investigadores, el grupo que recibió el modelo *flipped* obtuvo una puntuación un 28 % superior con respecto a la del grupo que estuvo expuesto a una metodología tradicional, siendo estadísticamente significativo. Además, la autonomía del estudiantado es otro logro importante. El artículo de Kvashnina y Martynko (2016) es el primer informe sobre el uso de la clase invertida en un curso de inglés con fines específicos, ampliando así el espectro de la investigación publicada.

Hamad Alsowat (2016), de la Universidad de Taif, Arabia Saudí, centró su estudio en los efectos del modelo *flipped* sobre las habilidades cognitivas de orden superior, la satisfacción y el compromiso del estudiantado, y las relaciones mutuas entre estos tres factores. Alsowat (2016) afirma que en Arabia Saudí el estudiantado tiene opciones extremadamente limitadas para utilizar la lengua extranjera fuera de clase y, como consecuencia, se enfrenta a graves dificultades para dominar las lenguas extranjeras, sobre todo el inglés. El autor ve en el modelo *flipped classroom* una posible solución al problema, así como un medio para transformar la clase de inglés en un entorno más activo, centrado en el alumno y orientado a la práctica. Las destrezas de pensamiento de orden superior se definen como crear, evaluar y analizar, relacionándose directamente con los tres niveles superiores de la Taxonomía de Bloom revisada (Anderson *et al.*, 2001). A lo largo de diez semanas, el investigador llevó a cabo un experimento con 67 estudiantes graduados en un curso general de lengua inglesa en la Universidad de Taif. Se dividieron en un grupo experimental y otro de control (con 33 y 34 estudiantes asistentes, respectivamente). Los participantes eran homogéneos en cuanto a edad, lengua materna (árabe) y nivel de dominio de la lengua inglesa. Ambos grupos compartían al mismo profesor y base teórica curricular. Al grupo de control se le enseñó mediante el método tradicional de instrucción. El grupo experimental recibió la intervención en forma del modelo de enseñanza *flipped classroom* (EFL-FCTM). En el grupo experimental, la intervención tuvo lugar durante las dos clases semanales. En ellas se realizaba una actividad introductoria en la que se revisaban los materiales previos a la clase y se llevaba a cabo una sesión de retroalimentación. A continuación, se desarrollaba el núcleo de la clase y se realizaban actividades centradas en la práctica de las destrezas de pensamiento de orden superior que a menudo implicaban actividades colaborativas y trabajo en grupo. Finalmente, la última parte de la clase se dedicaba a la revisión y al resumen de las ideas principales. Paralelamente, se indicaba al estudiantado que hiciera preguntas y escribiera un resumen de la sesión. En las tres partes de las clases experimentales, el profesor ofrecía frecuentemente comentarios. Las preguntas de la investigación se centraron en el diseño específico del modelo aplicado de la estrategia *flipped classroom*, su impacto en las ganancias del estudiantado en términos de habilidades cognitivas de orden superior en lengua inglesa, en el compromiso del estudiantado, el sentimiento de satisfacción y la posible interconectividad de estos dos últimos factores. El investigador empleó pruebas previas y posteriores centradas en determinar las habilidades de pensamiento de orden superior, y cuestionarios para recopilar datos sobre el compromiso del estudiantado y su satisfacción, una Escala de compromiso y una Escala de satisfacción (Alsowat, 2016, p. 114). Las tres medidas de evaluación fueron diseñadas por el investigador. El análisis de los datos recopilados mostró que el experimento tuvo un resultado decisivo, ya que el grupo experimental consiguió puntuaciones significativamente más altas que el grupo de control. La *flipped classroom* demostró ser la más eficaz de las dos estrategias de enseñanza utilizadas en el experimento, como lo reflejan las altas puntuaciones en el TOEIC por parte del grupo experimental, así como la mejora de sus destrezas orales y generales en el uso de la lengua inglesa. También se determinó que *flipped classroom* tenía un efecto positivo significativo en el compromiso del estudiantado. Asimismo, la puntuación de satisfacción fue muy favorable. Algunos de los factores mejor evaluados fueron su apoyo a la creatividad y la capacidad de evaluación, la integración de la tecnología educativa y los recursos de la vida real en el proceso de aprendizaje, la reducción del aburrimiento y el estrés en clase, y el control sobre el propio proceso de aprendizaje. La *flipped classroom* resultó ser más interesante, atractiva, ofrecía más espacio para la interacción y la comunicación y estaba más centrada en el alumno. También se determinó una relación positiva estadísticamente significativa entre las habilidades de pensamiento de orden superior y el compromiso y satisfacción individual del estudiantado. El investigador concluye que el experimento fue un éxito y que el *flipped classroom* es una estrategia eficaz de enseñanza y aprendizaje. Alsowat (2016) enumera factores como la autonomía del alumnado, el tiempo real suficiente concedido a los estudiantes para aprender las habilidades cognitivas de orden inferior a su propio ritmo en lugar de al ritmo asignado al grupo, y el centrado en el alumno, como los más importantes para el aprendizaje de las habilidades de pensamiento de orden superior.

Nagwa A. Soliman (2016), profesora titular de la Universidad Británica de Egipto, puso a prueba la eficacia del modelo *flipped classroom* en la enseñanza del inglés con fines académicos. En su artículo, Soliman (2016) explica que en Egipto dominar la lengua inglesa es un requisito para tener éxito tanto en el mundo académico como en el mercado laboral. La autora destacó la importancia de ajustar los contenidos y métodos de enseñanza a las necesidades e intereses del estudiantado actual, cómodo en el espacio virtual, como requisito para alcanzar con éxito los resultados del aprendizaje, y propuso que el *flipped classroom* puede ser una solución adecuada. A lo largo de 13 semanas, la duración del semestre, Soliman (2016) trabajó con un grupo de estudiantes matriculados en un curso de «Inglés con Fines Académicos» de la Universidad Británica de Egipto, en El Cairo. Durante el experimento, el alumnado recibió clases en forma de vídeos o screencasts, cada uno de 10-15 minutos de duración, que sirvieron como material teórico para el curso. Una parte de los materiales audiovisuales fueron creados por el investigador, normalmente en forma de vídeos realizados con el programa Screencast-O-Matic. El resto de los vídeos se tomaron de YouTubeEDU (también YouTube Learning, una sección orientada al aprendizaje del sitio web para compartir vídeos). Otros materiales que se entregaron a los participantes para su estudio individual antes de la sesión en clase fueron capítulos de libros o artículos de revistas, y ejercicios interactivos centrados en la adquisición de vocabulario. Durante las clases presenciales, las actividades solían incluir un periodo de tiempo reservado a los debates; un cuestionario formativo destinado a averiguar si los alumnos habían completado las tareas previas a la clase; una tarea de resolución de problemas en la que el alumnado trabajaba primero individualmente y luego en parejas; una actividad de grupo centrada en la práctica de la teoría y la aplicación de los conocimientos adquiridos; una presentación en grupo mediante la cual los participantes tenían la oportunidad de practicar sus habilidades de oratoria; y una sesión de *feedback* al final. El experimento también incluía tareas posteriores a la clase: una tarea de redacción en la que los participantes escribían reseñas de artículos de revistas utilizando un vocabulario específico (aprendido a través de los materiales previos a la clase); un foro de debate en el que los participantes interactuaban y podían obtener ayuda de sus compañeros y del profesor; una tarea de grabación en vídeo en la que los estudiantes se grababan a sí mismos simulando dar clase; y una composición persuasiva (ensayo) de resolución de problemas. Los objetivos de la investigación eran determinar la influencia del uso del *flipped classroom* en los resultados del aprendizaje en una clase de inglés con fines académicos, estudiar los obstáculos encontrados por el profesor en ejercicio y ofrecer consejos para una aplicación eficaz de la estrategia de enseñanza *flipped*. Con el fin de responder a las preguntas propuestas, Soliman (2016) recurrió a una revisión de la literatura publicada y organizó un foro de debate con sus propios alumnos durante el cual les pidió que evaluaran su experiencia. Las conclusiones de Soliman basadas en la revisión bibliográfica reflejan las experiencias de otros autores. Considera que el *flipped classroom* es eficaz, señalando ventajas como una mayor actividad del estudiantado, más colaboración en clase, mayor capacidad del profesor para supervisar el progreso del alumnado y mejor accesibilidad de los materiales de aprendizaje para el estudiantado, entre otros temas. Los resultados del foro fueron igualmente positivos en su mayoría. Basándose en el foro, Soliman (2016) afirma que los estudiantes aprecian las clases en línea porque ofrecen una experiencia que fomenta las habilidades que contribuyen al éxito en clase, las clases muestran un mayor factor de motivación debido a la variedad de estrategias de enseñanza utilizadas y a un instructor muy implicado, el aprendizaje a través de actividades prácticas, la falta de limitaciones de tiempo en los cuestionarios en línea, la posibilidad de prepararse para la clase con antelación y las clases previas son fácilmente comprensibles y eficaces. Por otro lado, el investigador señala que el *flipped classroom* no es beneficioso por y para todo el estudiantado y en todas las situaciones, y hay una serie de limitaciones que un profesor que desee adoptar el modelo *flipped* debe tener en cuenta. En primer lugar, todas las personas tienen acceso a internet y esta brecha digital discrimina especialmente a los que proceden de entornos con menos ingresos. La solución propuesta de crear DVD y memorias USB con el material necesario no es práctica a menos que el número de estudiantes en cuestión sea muy reducido. Además, admite que garantizar que los estudiantes se comprometan con los materiales previos a la clase parece casi imposible, un problema al que se enfrentan la mayoría de los educadores con experiencia en *flipped*. La solución propuesta es vincular el compromiso con los materiales previos a la clase a la evaluación general. Además, no todos los estudiantes prefieren trabajar en línea o trabajar en colaboración, lo que dificulta aún más el progreso de los menos conocedores de la tecnología e introvertidos.

En conclusión, Soliman (2016) subraya la importancia de que los materiales utilizados en una clase del modelo *flipped classroom* estén bien preparados, y sugiere que se tengan en cuenta los estilos de aprendizaje del alumnado en esta fase de la implementación.

El estudio es único por su uso de materiales de la vida real. Hay que admitir que se asignó al estudiantado una cantidad relativamente grande de tareas individuales (fuera de clase), incluidas algunas que requerían destrezas cognitivas de orden superior, lo que plantea la cuestión de si no deberían haberse incluido en las sesiones en clase, con orientación por parte del instructor. Además, debería ser posible superar el problema de la brecha digital a nivel universitario, especialmente si se tiene en cuenta que la institución en cuestión proporciona acceso Wi-Fi gratuito en el campus, con la posibilidad de conectar un dispositivo personal. La recomendación del autor de tener en cuenta la variedad de estilos de aprendizaje del estudiantado a la hora de implantar el *flipped classroom* en la propia clase es un punto válido.

Sarah S. Al-Harbi y Yousif A. Alshumaimeri (2016), del Departamento de Currículo e Instrucción de la Universidad Rey Saud de Arabia Saudí, estudiaron los usos de *flipped classroom* para la enseñanza de la gramática inglesa. La motivación de los investigadores procedía del entorno educativo de su país de origen. Según ellos, la mayoría de los cursos de inglés como lengua extranjera en Arabia Saudí se basan en métodos anticuados como la gramática-traducción y el método audiolingüe; y en clases magistrales en las que el profesor es el único participante activo de la clase la mayor parte del tiempo y toda la información suele proceder del instructor y del libro de texto. Además, el enfoque centrado en el alumno no está respaldado por el libro de texto, ni tampoco la interacción del alumno y el uso práctico del lenguaje del mundo real, y rara vez se enseña al alumnado a responsabilizarse de su propio aprendizaje y a ser más autodirigidos. Los alumnos suelen acabar aburridos, pasivos, faltos de motivación, y su capacidad en las cuatro destrezas lingüísticas se resiente. Al-Harbi y Alshumaimeri (2016) creen que el modelo *flipped classroom* podría ser la solución al problema, debido a que se centra en el aprendizaje activo y colaborativo. A lo largo de seis semanas, trabajaron con un grupo de 43 alumnos de un centro privado de secundaria. Los participantes se dividieron en un grupo experimental y otro de control. Ambos utilizaron un programa básico idéntico, con 9 temas gramaticales y basado en el mismo libro de texto, y fueron impartidos por el mismo instructor. El instructor no era nuevo en el modelo *flipped classroom*, ya que había recibido un curso práctico al respecto. El grupo de control estuvo expuesto a la forma tradicional de instrucción, con actividades que incluían una clase sobre la característica gramatical particular que era el tema de cada lección respectiva; ejercicios ofrecidos por el libro de texto destinados a supervisar la comprensión de la clase por parte de los participantes;

un ejercicio colaborativo; y, debido a las limitaciones de tiempo de las lecciones, un ejercicio de deberes. En el grupo experimental se empleó la estrategia *flipped*. Para ello, el equipo de investigación seleccionó videoconferencias centradas en los respectivos temas de cada lección, que fueron revisadas por el instructor para comprobar su idoneidad en cuanto a los temas y el dominio de los estudiantes. A continuación, se pusieron a disposición de los estudiantes antes de cada sesión de clase a través de la plataforma educativa Edmodo. También pudieron utilizar la plataforma para interactuar tanto con su instructor como con sus compañeros. Como medida de control de la participación de los estudiantes en las videoconferencias, el profesor iniciaba cada sesión de clase con un debate sobre el vídeo correspondiente, al que seguía una explicación de los temas no comprendidos de la videoconferencia y la respuesta a las preguntas de los estudiantes. En clase también se realizaban con frecuencia actividades de grupo y juegos, y el profesor estaba disponible en todo momento para observar y proporcionar ayuda y comentarios. Los investigadores hicieron uso de la prueba de nivel administrada previamente a los estudiantes, que a efectos del estudio actuó como pre-test, y al final del experimento administraron un post-test para evaluar el impacto y la eficacia de la estrategia *flipped classroom* en la mejora de la competencia de los participantes en el uso de la gramática inglesa. Los investigadores también pasaron un cuestionario y realizaron entrevistas con una muestra seleccionada de estudiantes del grupo que recibió el tratamiento para determinar las opiniones y percepciones del experimento. Las preguntas de investigación que Al-Harbi y Alshumaimeri (2016, p. 63–64) se esforzó por responder fueron:

1. Como resultado de la aplicación de la estrategia *flipped classroom*, ¿hubo diferencias significativas entre la mejora de los grupos experimental y de control en relación con la gramática inglesa?
2. ¿Cuáles eran las percepciones y actitudes de los estudiantes de secundaria saudíes respecto a la aplicación de la clase invertida en el aprendizaje del inglés como lengua extranjera?
3. ¿Cuáles fueron las sugerencias y recomendaciones de los estudiantes de secundaria saudíes sobre la aplicación de la estrategia *flipped classroom*?

Mediante la prueba de nivel se determinó que al principio del experimento el grupo experimental y el grupo de control no mostraban diferencias significativas en su competencia en el uso de la gramática inglesa. Después del experimento se administró de nuevo la prueba. Según el análisis de sus resultados, el modelo *flipped classroom* dio lugar a puntuaciones medias más altas del grupo experimental en el post-test que las del grupo de control, pero desde el punto de vista estadístico, esta diferencia no fue significativa y, por lo tanto, la respuesta a la primera pregunta de investigación tiene que ser negativa. Sin embargo, los resultados del cuestionario y de la entrevista son más alentadores. El grupo experimental mantuvo actitudes positivas hacia el modelo *flipped* de enseñanza, señalando su utilidad para facilitar mayores índices de colaboración y comunicación tanto con el instructor como con sus compañeros, y fomentar la autonomía del alumno. También informaron de que consideraban que las lecciones estaban orientadas a la práctica y con aplicación en la vida real, y que eran beneficiosas para que los estudiantes se implicaran con éxito durante las actividades en clase. En la evaluación de la tecnología utilizada, los estudiantes indicaron que consideraban que la plataforma Edmodo era fácil de usar y no requería una formación especial de los participantes. La mayoría de los participantes también indicaron que el visionado de vídeos, los debates en clase y el entorno colaborativo en clase fueron beneficiosos para su aprendizaje, aunque la mayoría se mostraron neutrales en su disposición a repetir la experiencia de la estrategia *flipped* en su aprendizaje futuro. En conclusión, Al-Harbi y Alshumaimeri (2016) recomiendan el modelo de clase invertida para que los educadores lo tengan en cuenta como una estrategia de *e-learning* beneficiosa que ayuda a liberar el aula y deja tiempo para actividades centradas en la interacción y la enseñanza orientada a la práctica.

En el artículo *The Flipped Classroom Model to Develop Egyptian EFL Students' Listening Comprehension*, la autora Samah Zakareya Ahmad (2016), de la Facultad de Educación de la Universidad de Suez (Egipto), pone a prueba la utilidad de la estrategia *flipped classroom* como herramienta para mejorar la comprensión oral de sus alumnos. Ahmad (2016) explica que se sintió motivada para iniciar su investigación después de observar que la mayoría de los estudiantes de su clase tenían dificultades con la comprensión auditiva, lo que también les causaba problemas académicos. Ella creía que esto se debía a la forma en que se enseñaba el inglés en Egipto en general, sin suficiente atención a las destrezas orales. La investigadora propuso la estrategia *flipped classroom* como posible solución y decidió probar su eficacia. El experimento se aplicó a la asignatura «Using computers in teaching EFL» en la Universidad de Suez, durante un período de 12 semanas, y fue precedido por una fase de planificación durante la cual se presentó a el estudiantado el modelo *flipped* y se prepararon los materiales necesarios para el experimento. Participaron 34 estudiantes de licenciatura, todos ellos con la lengua inglesa como una de las principales áreas de interés de sus estudios, y todos habían recibido al menos 10 años de formación en lengua inglesa antes de participar en el experimento. La investigadora también adoptó el papel de instructora. La intervención optó por la forma del diseño tradicional del modelo *flipped*, con videoconferencias utilizadas como material teórico previo a la clase. Las videoconferencias duraban entre 10 y 15 minutos y se asignaron una media de 4 a cada lección, por lo que los estudiantes debían dedicar aproximadamente una hora a la preparación de cada clase presencial. Para compartir materiales e interactuar con los estudiantes, la investigadora utilizó una wiki, un sitio web que permite la edición por parte de varios usuarios y a través del cual los participantes también podían comentar los materiales compartidos y participar en debates (esto era lo que se esperaba de ellos al menos después de cada clase presencial). Los vídeos no fueron creados por la propia investigadora, sino adoptados de recursos educativos como TED, o de las bases de datos de YouTube. Además de utilizar los materiales audiovisuales, se pedía a los participantes que completaran cuestionarios en línea, que servían como herramienta para controlar si habían utilizado los materiales asignados y para proporcionar a los estudiantes información inmediata sobre su comprensión de los contenidos de la clase. Durante las sesiones presenciales, el instructor repasaba en primer lugar los conocimientos adquiridos por el alumnado a través de los materiales previos a la clase y, a continuación, realizaba tareas interactivas orientadas a la práctica, basadas en la teoría previamente estudiada y centradas en el aprendizaje activo. Las actividades realizadas incluían debates, escritura cronometrada, microenseñanza o creación de diagramas conceptuales. Tras la sesión presencial, los alumnos debían reflexionar a través de un foro de debate en línea administrado por el instructor. También se asignó al estudiantado un proyecto de colaboración en equipo de un semestre de duración centrado en el uso de habilidades de pensamiento de orden superior. Con el fin de obtener datos para analizar el progreso o la falta de progreso de los participantes, Ahmad (2016) diseñó un examen centrado en evaluar la competencia del usuario en comprensión auditiva. El mismo examen se utilizó como pre-test y como post-test. La investigadora partió de la hipótesis de que el modelo *flipped* haría que los estudiantes mostraran un mayor nivel de competencia en el post-test, y que la mejora sería por un margen estadísticamente significativo. A partir del análisis de los datos se confirmó la hipótesis. Por lo tanto, la investigadora promueve el uso de *flipped classroom* como una herramienta eficaz para las destrezas de comprensión oral y para hacer que las fuentes auditivas auténticas estén más disponibles para el alumnado, e insta a un mayor apoyo de la actividad de los estudiantes, tanto dentro de la clase como fuera de ella, de forma autónoma.

Otro equipo de investigación que publicó su artículo en 2016 fue el compuesto por los investigadores taiwaneses Yu-Ning Huang y Zuway-R Hong (2016). En su estudio, *The effects of a flipped English classroom intervention on students' information and communication technology and English reading comprehension*, investigan el papel del uso de la tecnología moderna, en y a través del empleo de la estrategia *flipped classroom*, con el propósito de enseñar la lengua inglesa. Los investigadores trabajaron con dos grupos de estudiantes de bachillerato superior, divididos en una sección experimental y otra de control. Los grupos contaban con 40 y 37 participantes respectivamente y el experimento duró 12 semanas. Las videoconferencias fueron creadas por los propios investigadores y, además, el alumnado debía participar en un foro de debate en línea. Junto a las videoconferencias, durante las sesiones presenciales los participantes realizaban actividades como debates, tareas colaborativas, sesiones de preguntas y respuestas, y similares. En el grupo de control se utilizaron los métodos tradicionales de enseñanza. También se pidió al alumnado que rellenara un cuestionario sobre su percepción del experimento y se observaron a 4 estudiantes más de cerca en clase. Con el fin de recopilar datos para el análisis, el equipo de investigación utilizó un cuestionario de antecedentes del alumnado y un diseño de pre-test y post-test, mediante los cuales se evaluaron sus capacidades en el área de internet y las tecnologías informáticas, así como su dominio de la lengua inglesa. A través del cuestionario se determinó que el experimento tuvo un éxito parcial. El grupo que recibió la intervención sólo obtuvo resultados significativamente superiores en dos factores: en una pregunta sobre los hábitos del alumnado en relación con la búsqueda de información en internet, en la que el grupo experimental indicó que utilizaban diversos métodos para localizar fuentes adecuadas con más frecuencia que el grupo de control; y en una pregunta sobre el aprovechamiento efectivo de la oferta de software educativo en internet, en la que el resultado fue similar. En ninguna de las demás afirmaciones el grupo de investigación obtuvo una puntuación superior a la del grupo de control por un margen estadísticamente significativo. Por otro lado, el pre-test/post-test sí determinó que hubo una mejora significativamente mayor en las habilidades de comprensión lectora del estudiantado en el grupo que recibió la intervención, lo que implica que el *flipped classroom* sí afecta positivamente al aprendizaje de idiomas. En conclusión, los autores subrayan que puede ser necesario un período de tiempo más largo para investigar a fondo las opciones de las tecnologías y el *flipped classroom* en general en clase, y señala que el futuro de nuestra educación puede estar influenciado por cuánto apoyamos el uso de las TIC con fines educativos.

El estudio de Huang y Hong (2016) es el primero que explora los efectos de la clase invertida en las habilidades combinadas de lectura y TIC en lengua inglesa. Sus resultados aluden a la capacidad y la actitud positiva del estudiantado hacia la búsqueda individual de conocimientos adicionales más allá del ámbito de la clase cuando se le da la oportunidad de hacerlo. Este hallazgo es uno de los argumentos que apoyan el uso de la instrucción invertida.

Alison S. Burke y Brian Fedorek (2017), de la Southern Oregon University (EE. UU.), realizaron otro estudio centrado en el compromiso del estudiantado y el aprendizaje activo. En su artículo, *Does "flipping" promote engagement?: A comparison of a traditional, online, and flipped class,* compararon la clase invertida no solo con el modo tradicional de instrucción, sino también con una clase en línea, en la que toda la instrucción y la comunicación se realizaban a distancia. Burke y Fedorek (2017) teorizaron que el aula invertida daría lugar a mayores tasas de participación que cualquiera de los otros dos diseños de instrucción probados. En los tres grupos, el instructor utilizó la plataforma Moodle para interactuar con los participantes, compartieron el mismo libro de texto y los objetivos de aprendizaje, así como la misma forma de evaluación. Las tareas en los tres grupos también eran las idénticas y se centraban en el pensamiento crítico, la evaluación y la creación, y los exámenes. En total, el experimento incluyó a 92 estudiantes de una asignatura obligatoria de «Control de la delincuencia», en su tercer o cuarto año de estudios de grado del programa de *Criminología y Justicia Penal*, divididos en tres grupos en función de la forma de instrucción. Además de la clase teórica, las clases del grupo de control (tradicional) incluían debates en clase. Los materiales del mundo real, incluidos extractos de noticias y vídeos, así como las tareas, se publicaban a través de Moodle; sin embargo, a las clases sólo se podía asistir en persona. El alumnado de la clase en línea recibió videoconferencias basadas en los capítulos del libro de texto. También se le pedía que completara tareas, escribiera ensayos y participara en debates que tenían el mismo enfoque que el de la clase tradicional. Las personas del grupo impartido mediante el módulo *flipped* recibieron las mismas videoconferencias que las de la clase online, sin embargo, aparte de los contenidos similares a los de los otros dos grupos, el tiempo de clase también incluía visitas de ponentes invitados del mundo profesional, y tareas en las que tenían que aplicar lo aprendido de los materiales teóricos previos a la clase, incluyendo actividades gamificadas fuera de clase que realizaban por el campus. Al estudiantado del grupo *flipped* no se les comunicó de antemano que recibirían una intervención en forma de *flipped classroom* y se les explicó la estrategia de enseñanza/aprendizaje implementada sólo al comienzo de la primera clase. En los tres grupos, al final del experimento, se administró una encuesta en línea a través de Moodle para conocer la opinión de los participantes sobre su experiencia. La encuesta contó con tres áreas de enfoque, incluyendo preguntas sobre el tiempo invertido por el estudiantado en completar el trabajo del curso y su punto de vista sobre el compromiso y la eficacia de la enseñanza. En general, el grupo de la clase invertida declaró haber dedicado menos tiempo semanalmente al estudio de los materiales teóricos (incluido el visionado y la lectura de clases en línea), y menos tiempo a la redacción de tareas, y solo ligeramente más tiempo al estudio para los exámenes. Tanto el estudiantado de la clase tradicional como el de la clase en línea afirmaron haberse sentido más comprometidos que el estudiantado del grupo de la clase invertida. Las personas del grupo *flipped* informaron de que trabajaron con otras en proyectos y tareas significativamente más que los otros dos grupos, pero por otro lado sintieron que tenían menos oportunidades de aplicar los conocimientos pre-aprendidos fuera de clase, a pesar de los ejercicios adaptados en clase. Además, sólo una pequeña minoría (significativamente menos que los otros dos grupos) de la *flipped classroom* manifestaron que creían que el método de enseñanza experimental entrenaba su capacidad de pensamiento crítico y de análisis de la información y, del mismo modo, la mayoría de ellos no pensaban que el tiempo en clase les ayudara a adquirir conocimientos que pudieran utilizar en su futura vida profesional, a pesar de haber recibido visitas de invitados profesionales. Burke y Fedorek (2017) concluyen que el estudiantado no estaba preparado para el método de enseñanza alternativo, no era lo suficientemente autónomo como para beneficiarse de él y no se comprometió adecuadamente con los materiales previos a la clase, a pesar de afirmar que les habían gustado. Los investigadores también teorizan que al problema puede haber contribuido el hecho de que los participantes estaban en su último año de estudios y ya estaban algo institucionalizados y acostumbrados a los métodos de enseñanza que utilizaron antes del experimento. De igual modo, los autores admiten que la clase invertida es un reto también para los instructores y puede ser difícil encontrar las actividades adecuadas para que cada clase alcance todo su potencial.

El estudio de Burke y Fedorek (2017) sobre los efectos de la clase invertida en el compromiso del estudiantado es único en su enfoque, al igual que su intento de comparar la clase invertida con el aprendizaje a distancia (realizado a través de un curso en línea). Por lo tanto, aunque no está específicamente orientado a la EFL, su investigación es de interés para los educadores de todas las materias. Los autores hicieron un intento válido de proporcionar a los participantes de los tres grupos condiciones similares. Por tanto, cabe esperar que sus resultados reflejen realmente los efectos de las estrategias de aprendizaje que los autores pretendían investigar. La escasa participación del alumnado en el grupo de intervención de la clase invertida puede haber afectado los resultados del experimento.

En el artículo *Integration of Flipped Classroom Model for EFL Speaking*, los autores Shuangjiang Li y Jitpanat Suwanthep (2017) describen los usos del modelo *flipped* de enseñanza en combinación con juegos de rol constructivos en EFL. Los investigadores llevaron a cabo un experimento durante un curso de inglés en la Universidad Tecnológica de Suranaree en Tailandia, en el transcurso de un período de 12 semanas. En el experimento participaron 94 estudiantes, divididos en dos grupos, el grupo experimental y el grupo de control. Los estudiantes no fueron elegidos para los grupos en función de sus habilidades y no podían elegir a qué grupo querían pertenecer, sino que la asignación de grupos en términos del experimento se hizo por el horario —un grupo de estudio fue enseñado utilizando la estrategia *flipped* y el otro se convirtió en el grupo de control. Había 46 estudiantes en el grupo experimental y 48 estudiantes en el grupo de control. Desde el punto de vista de los objetivos teóricos de aprendizaje, ambos grupos siguieron el mismo plan de estudios y libro de texto, del que debían cubrir 4 unidades temáticas. En el grupo *flipped*, se invirtieron dos de los cuatro subcapítulos de cada unidad puesto que los otros dos se consideraron inadecuados para la estrategia de enseñanza invertida. Tanto el grupo experimental como el grupo de control recibieron el mismo tiempo de aprendizaje, aunque organizado de manera diferente. Li y Suwanthep (2017, p. 119) formularon las preguntas de investigación como:

1. ¿En qué medida la integración del modelo de *flipped classroom* y los juegos de rol constructivos afectan al desarrollo de las destrezas de expresión oral del estudiantado de EFL?

2. ¿Cuáles son las actitudes del estudiantado hacia la integración del modelo de *flipped classroom* y los juegos de rol constructivos para el aprendizaje de la expresión oral en inglés?

En el grupo impartido con el método tradicional, las clases incluían conferencias centradas en el vocabulario y la gramática, ejercicios prácticos enfocados en el entrenamiento de la teoría y ejercicios de expresión oral, entre otros. También se utilizaron las TIC en forma de presentaciones de PowerPoint, grabaciones y vídeos para ayudar a impartir la teoría. Con el fin reforzar el aprendizaje, se diseñaron cuestionarios con deberes. El grupo experimental recibió videoconferencias con cuestionarios incrustados, creados por los investigadores, que debían ver antes de la clase. Se grabaron dos videoconferencias, de aproximadamente 8 minutos cada una, para las sesiones de clase, una sobre gramática y otra sobre vocabulario. También se añadieron cuestionarios de seguimiento a cada clase. Para compartir las videoconferencias se utilizó la plataforma de aprendizaje EDpuzzle. Según las estimaciones de los investigadores, se esperaba que el estudiantado cubriera la clase en línea en unos 30 minutos de tiempo de estudio. Las sesiones presenciales del grupo experimental incluían un breve periodo de repaso, ejercicios en grupo y, durante la mayor parte de la clase, juegos de rol constructivos. Durante estas actividades, el alumnado contó con la ayuda del profesor que les ofreció orientación e intervino cuando fue necesario. El alumnado también grabó una parte de los ejercicios y las grabaciones se entregaron al profesor. Antes y después del experimento, los investigadores realizaron una prueba de expresión oral. Para conocer la opinión del alumnado sobre su experiencia con *flipped classroom*, se emitió un cuestionario de opinión y se realizaron entrevistas a 16 voluntarios. Li y Suwanthep (2017) informan que a efectos del experimento los dos grupos se consideraron iguales en cuanto a capacidades de expresión oral en inglés (la diferencia encontrada no fue estadísticamente significativa). Sin embargo, después de la intervención, el grupo de *flipped classroom* obtuvo puntuaciones significativamente más altas, y logró también un mayor aumento en la puntuación media. Los resultados de la encuesta de opinión fueron igualmente positivos. Más de tres cuartas partes de los encuestados valoraron positivamente la posibilidad de prepararse para las sesiones en clase a través de las videoconferencias, casi 9 de cada 10 afirmaron haber tenido tiempo suficiente para aprender los aspectos estudiados de la lengua, y casi el 75 % consideró que las videoconferencias les permitieron aumentar su confianza en el aprendizaje de la lengua inglesa. Basándose en los resultados, los investigadores concluyeron que no sólo los participantes consideraban que la clase invertida era un cambio positivo, sino que el modelo de enseñanza elegido, que combinaba la clase invertida con los juegos de rol, era más eficaz que el tradicional para enseñar la destreza oral en inglés.

El estudio de Li y Suwanthep (2017) es el primer estudio de *flipped classroom* que se centra en los efectos de la estrategia alternativa en la mejora de las destrezas orales del estudiantado, en este caso con el apoyo adicional del uso de juegos de rol. Los resultados obtenidos parecen bastante positivos. Sin embargo, es difícil determinar cuál de los dos métodos de instrucción debe ser acreditado. Los investigadores básicamente combinaron dos estrategias diferentes de enseñanza de idiomas en la misma clase e intentaron poner a prueba ambas al mismo tiempo, utilizando el mismo sistema de evaluación. Su método de enseñanza combinado fue eficaz, pero ¿fue la clase invertida o los juegos de rol lo que realmente marcó la diferencia?

Todsapon Suranakkharin (2017), de la Universidad Naresuan de Tailandia, realizó un estudio centrado en los usos de la estrategia *flipped* para la enseñanza de las colocaciones en inglés. Suranakkharin (2017) declaró que se sintió motivado a hacer el experimento por la dificultad general de los estudiantes tailandeses para aprender colocaciones. El autor teoriza que esta dificultad puede ser causada por factores de transferencia negativa de la lengua materna y la falta de conocimiento de las colocaciones en general. Por lo tanto, Suranakkharin (2017) pasó a probar los usos de la clase invertida para ayudar al estudiantado en el entorno tailandés específico de la cultura de aprendizaje. El autor definió tres preguntas de investigación centradas en la eficacia de la clase invertida en la enseñanza de las colocaciones, la comparación entre el método de enseñanza tradicional y la clase invertida para este fin, y las opiniones del estudiantado sobre la estrategia de enseñanza alternativa. Para los fines de la investigación, Suranakkharin (2017) trabajó con 70 estudiantes tailandeses de nivel universitario en su universidad de origen, divididos en un grupo experimental y un grupo de control, en el transcurso de cuatro semanas. Al comienzo del experimento se evaluó la competencia lingüística y, desde el punto de vista estadístico, su nivel era el mismo. El grupo experimental recibió un total de cuatro videoconferencias con las que debían aprender de antemano la base teórica de las sesiones en clase. Los vídeos fueron creados por el propio investigador y tenían una duración máxima de 10 minutos. Para facilitar a todo el estudiantado el acceso a los materiales de estudio, el investigador creó un grupo de Facebook, accesible sólo a los participantes, a través del cual también podían (y se les animaba) a comunicarse y cooperar, y se les pedía además que completaran una tarea de seguimiento. En el experimento también se utilizó la plataforma de aprendizaje Moodle para emitir cuestionarios. En clase, el profesor revisó la comprensión del tema por parte del alumnado y la lección continuó con actividades que incluían actividades interactivas, debates, presentaciones y actividades en las que se utilizaban las habilidades cognitivas de orden superior. Al final, tenía lugar un debate en clase, que servía como sesión de retroalimentación. En las clases del grupo de control se utilizó el método de enseñanza tradicional, con clases magistrales y ejercicios. En este grupo también se fomentó la cooperación entre el alumnado y se les dio la oportunidad de interactuar con el instructor y hacerle preguntas. Todas las personas participantes fueron evaluadas durante las tres semanas anteriores al experimento y las tres semanas posteriores para determinar el desarrollo de sus conocimientos sobre colocaciones. En el grupo experimental se emitió un cuestionario centrado en la percepción que el estudiantado tenía de su experiencia, seguido de una entrevista semiestructurada. Se descubrió que el conocimiento de las colocaciones mejoró en ambos grupos implicados, pero no hubo diferencias significativas en su nivel al final del experimento, en ninguna de las tres pruebas emitidas. Los resultados de la encuesta de opinión mostraron que, en general, estaban satisfechos con su experiencia. La mayoría de los participantes estaban de acuerdo en que los materiales previos a la clase estaban bien conectados con las tareas en clase, que las videoconferencias eran un modo eficaz de instrucción y que la estrategia invertida tenía efectos motivadores en el estudiantado. Los resultados del análisis de las respuestas de las entrevistas corroboraron las conclusiones de la encuesta. Basándose en los resultados de la investigación, Suranakkharin (2017) concluye que las opiniones del estudiantado fueron en general positivas y que el modelo *flipped* de instrucción fue una herramienta eficaz para enseñar colocaciones, sin embargo, no fue lo suficiente como ser estadísticamente significativo. El autor teoriza que este resultado puede deberse al hecho de que tanto el grupo experimental como el de control recibieron tareas orientadas a la interacción y la cooperación, o bien a la brevedad del experimento, y los participantes del grupo *flipped* pueden haber necesitado más tiempo para adaptarse a los requisitos del modo de instrucción alternativo.

El estudio realizado por Zamzami Zainuddin (2017), de la Universitas Islam Negeri Ar-Raniry, Banda Aceh, Indonesia, se centró en la conducta de los instructores, las experiencias del estudiantado y sus actitudes hacia el uso de las tecnologías en el proceso de aprendizaje. Zainuddin (2017) trabajó con un grupo de 27 estudiantes que cursaban programas de grado en el Departamento de Inglés de la Facultad de Educación y Formación del Profesorado de su universidad de origen. El experimento se llevó a cabo en el transcurso de un semestre, durante el curso de «Inglés 2», que forma parte del plan de estudios obligatorio de primer año. El investigador estableció tres preguntas de investigación para el experimento, centrándose en el conocimiento y la experiencia previa del estudiantado con la tecnología educativa, las posibilidades del uso de la clase invertida para fines de

ELT y su opinión sobre su experiencia. Se eligió la plataforma de publicación de blogs Blogger como herramienta para poner las videoconferencias a disposición del estudiantado y como medio a través del cual se podía interactuar y participar en el aprendizaje autodirigido. La razón por la que se eligió esta plataforma en concreto fue que el acceso a la misma es gratuito y, lo que es más importante, que el alumnado estaba familiarizado con ella. En cuanto al contenido previo a la clase, el instructor no creó su propio material audiovisual, sino que eligió contenido de YouTube. Los vídeos eran tráilers de películas y todos duraban entre 4 y 9 minutos. Se pidió al alumnado que viera los vídeos antes de venir a clase. Durante las clases, que duraban 100 minutos, alrededor del 40% del tiempo se dedicaba a ejercicios de comprensión oral. Después se empleaba aproximadamente la misma cantidad de tiempo a actividades comunicativas y a contar historias, y los últimos 15 minutos se centraban en debates basados en los vídeos visionados previamente. Los datos se recogieron mediante un cuestionario, la observación de las clases, entrevistas con los participantes y un grupo de discusión. Las observaciones de clase se realizaron a lo largo de todo el experimento y se centraron tanto en las actividades que se incluían en cada sesión como en el comportamiento del alumnado dentro y fuera de clase (en la plataforma Blogger). La encuesta del cuestionario, el debate en grupo y las entrevistas se realizaron para averiguar cómo veían los participantes su experiencia con esta metodología innovadora y qué experiencia con las tecnologías de aprendizaje habían tenido antes de participar en el experimento. La encuesta se realizó al final del experimento. Todos los participantes participaron también en la encuesta. El cuestionario sólo contenía preguntas finales. El grupo de discusión se centró en las experiencias personales y las opiniones del estudiantado. Participaron 10 personas elegidas entre los voluntarios para contar con un grupo diverso. Se realizaron cinco entrevistas en profundidad para conocer mejor las opiniones del estudiantado. Según el análisis de los datos recogidos, las personas que participaron en el experimento estaban muy familiarizadas con el uso de dispositivos tecnológicos para el aprendizaje. La mayoría de los encuestados afirmaron estarlo y poseer dispositivos como ordenadores portátiles, teléfonos inteligentes, ordenadores de sobremesa o tabletas que utilizaban habitualmente para estudiar y aprender. La gran mayoría de los encuestados también encontró el modelo *flipped* de enseñanza más interesante y activo que la enseñanza basada en clases magistrales, afirma que las clases *flipped* ofrecen más oportunidades para el uso práctico de la lengua meta y se centran más en el aprendizaje activo. La mayoría también se mostró favorable a los vídeos y más del 90% afirmó haberlos visto antes de la clase. En las entrevistas, algunas personas aseguraron que, cuando utilizaban los materiales audiovisuales, se concentraban, hacían pausas y rebobinaban y tomaban notas. La opinión del estudiantado no difería en función de la duración del vídeo y encontraba igualmente cautivadores los materiales de todas las duraciones. De igual modo indicó que la estrategia *flipped* fue decisiva para fomentar la interacción entre iguales tanto dentro como fuera del aula, y la mayoría también consideró útil esta cooperación para lograr resultados de aprendizaje. El *feedback* del instructor se consideró crucial por los participantes que apreciaron en particular la disponibilidad de *feedback* inmediato. Además, el *flipped classroom* se erigió como un medio para comprender mejor el uso de las tecnologías con fines de aprendizaje. Zainuddin (2017) concluye con la recomendación de que el uso de *flipped flassroom* en la educación superior debería quizás ser apoyado desde las instituciones supervisoras, creyendo que la enseñanza invertida podría ser instrumental en la popularización de las prácticas educativas centradas en el estudiante.

En el estudio *The Flipped Experience for Chinese University Students Studying English as a Foreign Language*, las autoras Evelyn Doman y Marie Webb (2017) investigan los usos de *flipped classroom* como medio de activación del estudiantado en un entorno educativo tradicionalmente pasivo. Doman y Webb (2017) afirman que en China, donde llevaron a cabo su estudio, la típica clase de inglés se caracteriza por una enseñanza dirigida por el profesor y las lecciones se basan en clases magistrales, lo que provoca la pasividad del alumnado y la falta de oportunidades para la práctica efectiva de la lengua extranjera. Según los autores, aunque el *Communicative Language Teaching* es un término popular y muchos profesores afirman seguir sus principios, en realidad no suele ser así. Por lo tanto, proponen el modelo *flipped* como un medio para apoyar la actividad del estudiantado en clase, en particular haciendo hincapié en que puede ser útil para las personas menos asertivas que, de otro modo, por timidez o vergüenza, no participarían activamente en la clase. Los investigadores trabajaron con ciento treinta y cinco estudiantes, casi todos de primer año, durante un curso de inglés obligatorio de un año de duración, en una universidad de Macao (China), divididos en grupo experimental y grupo de control. El 96 % eran de origen chino, tanto de Macao como de China continental. Al entrar en la universidad, se sometieron a una prueba de nivel de inglés y se determinó que su nivel se situaba en la franja intermedia-alta. Los investigadores se propusieron estudiar su actitud hacia el modo de enseñanza invertido y las diferencias en los hábitos de aprendizaje entre el grupo experimental y el de control. Se emitieron cuestionarios y se realizaron entrevistas individuales con el fin de recabar datos para responder a las preguntas de la investigación. Al principio del estudio, se explicó al grupo experimental en qué consistiría el aprendizaje invertido y se le instruyó en el uso de las tecnologías que se utilizarían para fomentar el aprendizaje dentro del modelo invertido. De igual forma se animó a los participantes a que siguieran experimentando. Estas tecnologías incluían blogs, páginas wiki, Moodle, Google Docs, sitios independientes de aprendizaje de idiomas en el sitio del English Language Centre (ELC), clickers (dispositivos de respuesta electrónica), aplicaciones de cuestionarios en línea como Sócrates y herramientas de creación de vídeos (Doman & Webb, 2017, p. 114). Antes de participar en la sesión presencial, el estudiantado debía ver las clases en vídeo, elaboradas por el profesorado y creadas con la ayuda de la aplicación de captura de pantalla Screencast-o-matic y VoiceThread, una aplicación utilizada para almacenar y compartir contenidos con funciones interactivas. Las videoconferencias se publicaron en la plataforma Moodle, elegida para el experimento por su facilidad de uso. Había una o dos videoconferencias, de hasta diez minutos de duración cada una, que se relacionaban con cada una de las clases. Se pedía al alumnado que reflexionara sobre las videoconferencias y formulara preguntas y, a veces, una respuesta en vídeo. También se le pedía que rellenara hojas de trabajo, participara en foros de debate en línea y colaborara con sus compañeros en presentaciones, como forma de preparación para la clase. Las actividades presenciales comenzaban con un cuestionario emitido a través de la aplicación Sócrates y continuaban con tareas centradas principalmente en funciones cognitivas superiores, como debates, actividades colaborativas, tareas de redacción, enseñanza entre iguales y proyectos. Los investigadores observaron numerosos problemas que impedían una enseñanza eficaz en la primera parte del experimento: el estudiantado llegaba a clase sin preparación (sin haber visto el vídeo); había altas tasas de absentismo, algunas personas tenían problemas con la conexión a internet; el estudiantado no era lo suficientemente competente en el uso de nuevas herramientas tecnológicas (aplicaciones, webs) que la clase estaba utilizando; y en un nivel más básico, muchas personas se sorprendieron cuando se les asignaron tareas en el nivel de educación terciaria. Para recopilar datos, se realizó un cuestionario a mitad del experimento y entrevistas individuales a 16 voluntarios al final del estudio. Para comprender el problema en su totalidad, los investigadores también tomaron notas de observación de las clases. De ellas se desprende que el compromiso del estudiantado mejoró a medida que avanzaba el experimento: disminuyeron las tasas de absentismo, el estudiantado se mostró activo en clase y completó las tareas, incluido el visionado de las videoconferencias. Sin embargo, el análisis de los datos recogidos a través del cuestionario no da un apoyo definitivo al modelo *flipped*. Tanto los participantes del grupo experimental como los del grupo de control indicaron que hubo grandes cantidades de interacción en clase, tanto con el profesor como con sus iguales; ambos expresaron sentimientos neutrales sobre el aprendizaje autodirigido y el entrenamiento de habilidades cognitivas de orden superior. Asimismo, la mayoría de los encuestados manifestaron ser más receptivos a la enseñanza basada en clases magistrales dirigidas por el profesor que a la clase invertida u otros modos de enseñanza en los que la mayor parte de la información no procede directamente del profesor. En el lado más positivo, el estudiantado apreció la flexibilidad y accesibilidad de aprendizaje que ofrecía el modelo *flipped*, y consideró que la tecnología utilizada era una forma práctica y atractiva de preparar y revisar los contenidos de aprendizaje. Los participantes del grupo experimental también indicaron haber tenido una experiencia más positiva que los del grupo de control. En las entrevistas, las respuestas fueron más favorables a la estrategia *flipped* y más de la mitad de los encuestados expresaron opiniones positivas sobre la experiencia. De acuerdo con las expectativas, los instructores también observaron que la estrategia *flipped* parecía haber beneficiado al estudiantado menos confiado y franco y contribuido a su inclusión activa. Otra observación fue que, mientras que el grupo *flipped* utilizó generalmente el inglés para comunicarse en clase, el grupo control tendía a cambiar al chino. Doman y Webb (2017) resumen que, a pesar de que la opinión general defendía el modelo *flipped classroom* sobre el de enseñanza tradicional, la mayoría seguía prefiriendo recibir instrucción directa del profesor, por lo que los resultados no son concluyentes. Los autores cierran con la recomendación de que puede ser prudente tener en cuenta los efectos del contexto local y la cultura de aprendizaje cuando se intente implantar el modelo de enseñanza *flipped*.

El artículo *Creating an Online Learning Community in a Flipped Classroom to Enhance EFL Learners' Oral Proficiency*, escrito por Wen-Chi Vivian Wu, Jun Scott Chen Hsieh y Jie Chi Yang (2017), se centra en la colaboración fuera de clase como medio para mejorar las destrezas orales del estudiantado. Wu *et al.* (2017) trabajaron con un grupo de 50 estudiantes de segundo curso de carrera, en la asignatura «*English Oral Training*» que forma parte del plan de estudios obligatorio para los que se especializan en inglés. Su nivel de inglés se situaba en la franja intermedia-alta y la totalidad había recibido clases de inglés durante aproximadamente 8 años en el marco de sus estudios anteriores (primaria y secundaria). Las preguntas de investigación que Wu *et al.* (2017, p. 144) esperaban responder eran:

1.   ¿Hay diferencias en la competencia oral de los participantes entre los dos métodos de instrucción (*flipped learning* y aprendizaje convencional)?
2.   ¿Hay diferencias en las presencias docentes/sociales/cognitivas entre los dos métodos de instrucción?
3.   ¿Cuáles son las experiencias generales de los participantes aprendiendo inglés a través del *flipped learning*?

Los investigadores declaran que en la parte *flipped* del experimento adoptaron un diseño que incorporaba las cuatro destrezas lingüísticas básicas. Se evitó el método de instrucción tradicional mediante el uso de videoconferencias, con el fin de dejar tiempo y espacio para la interacción y la colaboración en clase. A efectos del experimento, se seleccionó el libro de texto *Good Chats* por centrarse en actividades orales colaborativas y ser adecuado para el nivel inicial de dominio de la lengua extranjera de los participantes. De las seis unidades del libro, tres se impartieron utilizando el modelo *flipped*. La aplicación móvil Line, una aplicación en línea utilizada para la comunicación instantánea entre dispositivos conectados (teléfonos inteligentes, tabletas, ordenadores personales), se utilizó en el experimento para facilitar la formación de una comunidad virtual de aprendizaje. Aparte de sus funciones integradas, la aplicación fue seleccionada por su popularidad entre el alumnado. Los participantes en el experimento recibieron 8 semanas de clases al estilo tradicional, seguidas de 8 semanas de clases impartidas mediante la estrategia *flipped*. Durante la parte del experimento impartida mediante el modelo *flipped*, las sesiones en clase se centraron en actividades de interacción y trabajo en grupo, como debates y presentaciones frecuentes. Al principio del curso, y después de cada unidad, se realizaron pruebas para obtener datos sobre el desarrollo de la competencia lingüística de los participantes. Las pruebas previas y posteriores eran idénticas y se centraban en la lectura y la comprensión oral. La evaluación de las pruebas se llevó a cabo utilizando los criterios de evaluación del *IELTS: Speaking*. Aparte de los exámenes, se emitió un cuestionario basado en *Community of Inquiry* (Garrison & Akyol, 2013) para determinar la percepción de los participantes sobre el experimento. Los investigadores llevaron a cabo dos observaciones en grupo, así como en el aula, para obtener más información sobre las opiniones del estudiantado y el éxito (o la falta de este) del experimento. Según el análisis de los datos, los resultados del experimento fueron positivos. No se encontraron diferencias significativas en los pre-tests y tanto el estilo tradicional de instrucción como la estrategia *flipped* resultaron eficaces para fomentar la mejora de las habilidades comunicativas del estudiantado. Sin embargo, el modelo *flipped* arrojó puntuaciones significativamente más altas que la enseñanza basada en clases magistrales. El análisis de las respuestas al cuestionario también habla en favor del modelo *flipped*. Los participantes señalaron que las clases invertidas les permitían sentirse menos estresados a la hora de comunicarse e interactuar entre iguales; informaron de que eran capaces de aplicar los conocimientos pre-aprendidos en el uso general de la lengua meta en lugar de limitarse a aprender para aprobar un examen; consideraron que podían beneficiarse de la interacción frecuente, las tareas colaborativas y la reflexión con la orientación del instructor; y apreciaron el uso de destrezas de pensamiento de orden superior. Los encuestados también indicaron que, en general, tenían una opinión más positiva de la instrucción *flipped* que del estilo tradicional de enseñanza. Estos hallazgos se repitieron en los datos recogidos a través de las entrevistas de grupo y permitió que el estudiantado se involucrara con el idioma inglés durante un período de tiempo más largo, y se le enseñó a ser más autónomo en su aprendizaje. En general, Wu *et al.* (2017) concluyen que la clase invertida tiene efectos positivos en la actividad en clase, además de servir como una herramienta eficaz para mejorar las habilidades orales del estudiantado en lengua inglesa.

El estudio *The Flipped Writing Classroom in Turkish EFL Context: A Comparative Study on a New Model,* cuyo autor es Emrah Ekmekci (2017), de la Universidad Ondokuz Mayis, se centra en los usos de *flipped classroom* como medio para fomentar la producción escrita competente en lengua inglesa. La motivación de Ekmeci para probar el innovador enfoque de enseñanza/aprendizaje surgió de las clases de escritura, a menudo consideradas complicadas, duras y aburridas por estudiantado de lengua inglesa. Ekmekci trabajó con 23 estudiantes en el grupo experimental y 20 estudiantes en el grupo de control, de los cuales la mayoría eran mujeres (en ambos grupos). Se determinó que el nivel inicial en lengua inglesa era B1. El experimento se llevó a cabo durante 15 semanas, en la asignatura «English Language Teaching (ELT) Preparatory Class» impartida en la Escuela de Lenguas Extranjeras de la universidad de origen del investigador. La investigación se centró en las diferencias entre el rendimiento de los participantes de uno y otro grupo, así como en las opiniones del grupo experimental sobre su experiencia. En cuanto a los objetivos de aprendizaje y el contenido teórico, el programa del curso era idéntico en los dos grupos participantes en el experimento, se basaba en el mismo libro de texto, y en el caso de ambos grupos el investigador también asumía el papel de instructor. Las clases del grupo de control se impartieron en la modalidad tradicional, *i. e.,* clase magistral como forma de instrucción. En el grupo experimental, se utilizó el sistema de gestión de cursos Edmodo como medio a través del cual el estudiantado podía acceder a los contenidos previos a la clase impartidos por el profesor. Se trataba principalmente de videoconferencias creadas por el profesor y que el estudiantado, de acuerdo con las reglas tradicionales de la estrategia *flipped,* debía estudiar individualmente en casa antes de asistir a clase. Las sesiones en clase se dedicaron a ejercicios prácticos y tareas de escritura centradas sobre todo en la redacción de párrafos. En el estudio se utilizaron dos métodos de recogida de datos: pruebas y entrevistas semiestructuradas. Al comienzo del experimento, fueron sometidos a una prueba previa centrada en su competencia en la redacción de un párrafo argumentativo. Esta fue evaluada por tres examinadores ajenos al estudio, los cuales se basaron en una rúbrica de evaluación acordada. Después de las 15 semanas, se les volvió a pedir que redactaran un párrafo argumentativo sobre el mismo tema (post-test). En cuanto a las habilidades de escritura en lengua inglesa, no se encontraron diferencias estadísticamente significativas entre los dos grupos participantes en el experimento al inicio de este. El análisis de los resultados post-test muestra que la competencia en escritura de ambos grupos mejoró significativamente, y la del grupo experimental fue mayor que la del grupo de control, por un margen estadísticamente significativo. Los resultados de las entrevistas también son favorables al *flipped classroom.* En general, los participantes indicaron que consideraban el modelo *flipped* de enseñanza más ventajoso que el modo tradicional de instrucción. La mayoría coincidió específicamente en que le gustaba trabajar con la plataforma de gestión de cursos Edmodo, que apreciaba las videoconferencias, y que su habilidad de escritura mejoró como resultado de la instrucción *flipped* en clase. Un número menor, pero significativo, de estudiantes también señaló problemas y obstáculos en relación con el modelo *flipped*. Casi un tercio de la clase se quejó de que la velocidad de la conexión a internet era un problema con el que tenían que lidiar mientras trataban de prepararse para la clase. Algunas personas tampoco estaban de acuerdo con escribir los párrafos en clase, ya que se sentían incómodas haciéndolo en el entorno del aula, lo que les dificultaba la formulación de sus ideas. Aproximadamente una cuarta parte de los entrevistados indicaron que las videoconferencias les quitaban demasiado tiempo y cerca de la mitad ofrecieron sugerencias sobre cómo podrían modificarse los vídeos. Los temas que más se repitieron fueron la mencionada duración de los vídeos, que las videoconferencias deberían ser más entretenidas, y sugirieron que les gustaría que todos los vídeos, o al menos una parte de ellos, estuvieran realizados por un profesor nativo, o que al menos contaran con una sección de conferencias a cargo de un profesor nativo. También se señalaron como ventajas la disponibilidad de comentarios individuales, tanto por parte del instructor como de los demás participantes, y una mayor autonomía del alumnado. En general, Ekmekci (2017) concluye que la *flipped classroom* fue fundamental para ayudar a mejorar la competencia de escritura del estudiantado y se probó que era significativamente más eficaz para este objetivo que la instrucción tradicional. Además, los participantes expresaron opiniones positivas sobre esta estrategia de enseñanza, indicando específicamente que encontraban las clases más agradables, un factor significativo de motivación. Así pues, el experimento tuvo éxito y los resultados que arrojó fueron favorables al uso de *flipped classroom* para la enseñanza de la escritura.

Abordar la *flipped classroom* como una medida para hacer menos aburridas las clases de escritura en inglés abre una perspectiva investigadora muy interesante. Ekmekci (2017) intentó asegurarse de que los dos grupos observados recibieran las mismas condiciones formales, eliminando así terceros factores que afectaran a los resultados finales y haciendo que los resultados fueran comparables. Asimismo, el empleo de examinadores externos otorga mayor validez a los resultados como medida para evitar el sesgo del investigador.

Las habilidades lectoras en lengua inglesa fueron el interés central del estudio *The Effect of Flipped Model of Instruction on EFL Learners' Reading Comprehension: Learners' Attitudes in Focus*, de Mehrnoosh Karimi, de la Universidad Islámica Azad de Irán, y Raouf Hamzavi, de la Universidad Bu-Ali Sina de Irán. Karimi y Hamzavi (2017) tenían como objetivo averiguar si este modelo de enseñanza demostraría ser una herramienta eficaz para ayudar a la comprensión lectora del estudiantado de EFL. De igual forma estaban interesados en las opiniones que estudiantes iraníes de EFL tendrían hacia este tipo de enseñanza. A lo largo de 15 sesiones (en 7 semanas), Hamzavi y Karimi (2017) trabajaron con 50 estudiantes adultos jóvenes en una escuela privada de idiomas en Isfahan, Irán, divididos aleatoriamente en dos grupos: un grupo de investigación y un grupo de control. Las preguntas de investigación que debían responderse a través del experimento se centraron en los efectos del *flipped classroom* en las habilidades lectoras del estudiantado en lengua inglesa y en las opiniones sobre su propia experiencia con el modelo de enseñanza alternativo. Los investigadores administraron pre-tests y post-tests, creados por ellos mismos, y basados en el libro de texto que el grupo de estudiantes estaba utilizando, con el fin de recopilar datos sobre el desarrollo de las habilidades de comprensión lectora de los participantes. Adicionalmente, se diseñó una encuesta, adoptada de Elfatah y Ahmed (2006), y revisada para los propósitos del estudio actual con el fin de determinar las percepciones de los participantes sobre su experiencia *flipped*. Para triangular los datos y asegurar la validez de la prueba de lectura, los investigadores administraron la parte respectiva del examen TOEFL a los participantes y los resultados de este examen se correlacionaron con la prueba previa creada por el investigador. Al principio del estudio se administró el *Cambridge Preliminary English Test* para garantizar la homogeneidad de cada grupo en cuanto al dominio de la lengua inglesa de los participantes. Al comienzo del experimento, el grupo de investigación tuvo acceso a 4 videoconferencias que servirían como material didáctico para cubrir el ámbito teórico del curso. Las videoconferencias duraban aproximadamente una hora cada una y habían sido creadas por el profesor. Todas las videoconferencias se pusieron a disposición de los participantes al principio del curso. El alumnado del grupo experimental debía ver las videoconferencias antes de cada sesión de clase. A continuación, se dedicaban a actividades de reflexión, debate y práctica de los contenidos aprendidos. En el grupo de control se utilizaron los métodos tradicionales de enseñanza de la comprensión lectora. Al final del experimento se administró una prueba posterior para determinar el desarrollo de las destrezas lectoras de los participantes y comparar los resultados de los dos grupos implicados. A los participantes del grupo que estuvo expuesto al *flipped* también se les entregó la encuesta en la que se les pedía que ofrecieran sus percepciones sobre esta estrategia de enseñanza. Basándose en el análisis de los resultados, se determinó que el modelo *flipped* de enseñanza tuvo un efecto significativo en las habilidades de comprensión lectora del estudiantado de EFL en Irán. Además, se determinó que este efecto era significativamente superior al de la forma tradicional de enseñanza. Los resultados del cuestionario también fueron positivos. En general, los participantes tenían una opinión buena de su experiencia en *flipped classroom*, y la mayoría estaba de acuerdo en que la estrategia *flipped* era fundamental para ayudar a sus habilidades de comprensión lectora. Un buen número de estudiantes también indicó que su capacidad comunicativa aumentó gracias al modelo *flipped*, se sintió más comprometido con las clases y experimentó menos incomodidad al hablar en público. Las actividades en clase también fueron muy aplaudidas, al igual que las videoconferencias, y las personas participantes elogiaron especialmente su disponibilidad fuera del aula. Muchos estudiantes señalaron que el *flipped classroom* les ayudó a ganar más confianza a la hora de utilizar la lengua meta. Los autores concluyen que el experimento arrojó resultados positivos y afirman que la forma de instrucción *flipped* puede ser beneficiosa no solo para el estudiantado, sino también para los propios instructores como medio de liberación de técnicas de enseñanza anticuadas. Los autores recomiendan igualmente que los educadores que deseen adoptar el *flipped classroom* para sus clases lo personalicen a sus circunstancias particulares y a las de su alumnado con el fin de lograr el máximo éxito.

Karimi y Hamzavi (2017) ofrecen el primer estudio que se centra exclusivamente en los efectos de la clase invertida en la competencia lectora en EFL de los participantes. Los autores intentaron mejorar la validez de sus resultados administrando un examen estandarizado creado externamente. Por otra parte, una escuela de idiomas privada, como aquella en la que se llevó a cabo el experimento, es un tipo de entorno bastante específico lo que plantea la cuestión de la comparabilidad de los resultados y la adaptabilidad del estudio en el entorno de la educación pública general. De forma inusual entre los estudios publicados sobre *flipped classroom*, los autores informan de que todas las videoconferencias estaban disponibles desde el principio del curso. Este enfoque puede ser inspirador ya que permite al estudiante motivado avanzar más rápido que el resto del grupo.

El estudio *Implementation of flipped instruction in language classrooms: An alternative way to develop speaking skills of pre-service English language teachers*, realizado por los autores Zeynep Çetin Köroğlu, de la Universidad de Bayburt, Turquía, y Abdulvahit Çakır, de la Universidad de Gazi, Turquía, se centró en los usos de *flipped classroom* para mejorar la capacidad comunicativa oral del alumnado. Köroğlu y Çakır, (2017) se vieron motivados a realizar el estudio por la discrepancia entre los avances tecnológicos, que ya están transformando el mundo de la educación, por un lado, y los métodos de enseñanza de idiomas, a menudo obsoletos, que aún se utilizan en Turquía, por otro. Köroğlu y Çakır (2017) afirmaron que la práctica de la expresión oral se ignora o se descuida con frecuencia en las aulas turcas de lenguas extranjeras, debido a una combinación de factores como la cultura de enseñanza tradicional, la ausencia de motivación y las habilidades de expresión oral inadecuadas del profesorado. Junto con el hecho de que en Turquía el inglés es una lengua extranjera que el estudiantado rara vez tiene la oportunidad de utilizar fuera del aula, la práctica oral puede ser difícil de conseguir. Esta cuestión es especialmente crítica en el caso del futuro profesorado de inglés. Los investigadores creían que el modelo *flipped* podía ser la respuesta al problema, lo que los llevó a realizar el estudio presentado. A lo largo de 8 semanas, Köroğlu y Çakır (2017) trabajaron con 48 estudiantes matriculados en su primer año de estudios en el departamento de Enseñanza de Inglés de la Universidad de Gazi, Turquía. El estudiantado se dividió en dos grupos: el grupo experimental y el grupo de control. El experimento se llevó a cabo como parte del curso obligatorio «Destrezas de Comunicación Oral I», que se ajustó al modelo *flipped* de enseñanza en el grupo experimental. Los investigadores formularon las tres preguntas de investigación siguientes (Köroğlu & Çakır, 2017, p. 44):

1. ¿Existe alguna diferencia estadísticamente significativa en las puntuaciones pre-test del alumnado de los grupos experimental y control antes del proceso de tratamiento del curso de «Destrezas de Comunicación Oral I» basado en *flipped instruction*?"

2. ¿Existe alguna diferencia estadísticamente significativa en las puntuaciones obtenidas por el alumnado de los grupos experimental y de control tras el proceso de tratamiento del curso «Destrezas de Comunicación Oral I» basado en *flipped instruction*?

3. ¿Existen diferencias estadísticamente significativas en las puntuaciones obtenidas tras la prueba por el alumnado de los grupos experimental y de control con respecto a las dimensiones de las destrezas orales como: fluidez y coherencia, recurso léxico, amplitud y precisión gramaticales; y pronunciación?

Ambos grupos tenían el mismo instructor, materiales y compartían idénticos contenidos del curso. Los investigadores utilizaron la plataforma educativa Edmodo para la interacción fuera de clase con el estudiantado y para poner a disposición de las personas participantes los materiales teóricos fuera de clase. El experimento adoptó una versión basada en texto del modelo *flipped*, en la que el estudiantado recibía dos materiales de lectura antes de cada sesión semanal en clase, uno que introducía el tema de la semana y otro que presentaba información teórica sobre la competencia comunicativa y oral. La segunda lectura también serviría normalmente como base para el debate en clase. En general, las sesiones presenciales se dedicaban a actividades colaborativas y a tareas que fomentaban la producción oral libre y espontánea de los participantes. En el grupo de control se utilizó el método tradicional, basado en clases teóricas, y también se repasaron los materiales de lectura durante las clases. Al principio del experimento, los investigadores realizaron una prueba previa para determinar si había diferencias entre los dos grupos. La prueba se tomó de la sección de expresión oral del TOEFL e incluía diversos temas sobre los que el alumnado debía hablar durante un tiempo. Se realizaron grabaciones y se evaluó la competencia oral del alumnado mediante el uso de la rúbrica IELTS para el examen de expresión oral. Se comprobó que no existían diferencias estadísticamente significativas en la competencia oral en inglés entre el grupo experimental y el de control. Al final del experimento se volvió a administrar el mismo examen. En la prueba posterior, se determinó que existía una diferencia estadísticamente significativa entre los dos grupos puesto que las puntuaciones del grupo experimental eran superiores a las del grupo de control. De hecho, los resultados del grupo al que se enseñó con el modelo *flipped* fueron superiores por un margen estadísticamente significativo en los cuatro dominios: fluidez y coherencia, recurso léxico, rango y precisión gramatical, y pronunciación. Además, los investigadores informan de que, en general, el estudiantado valoró positivamente esta estrategia de enseñanza. Köroğlu y Çakır (2017) concluyen que el experimento demostró que el modelo *flipped* de enseñanza es significativamente eficaz para fomentar las destrezas de expresión oral en EFL. Los autores señalan que la interacción, la colaboración, la actividad y la autonomía del alumnado son innatas al *flipped classroom*, y el enfoque centrado en el aprendiz y en el aprendizaje activo posiblemente sea a lo que el modelo *flipped* deba su éxito.

Este estudio es interesante por varios aspectos. Es el primero que se centra exclusivamente en el desarrollo de las destrezas orales en EFL, es más detallado que el anterior en cuanto a las pruebas y emplea un modelo de aula invertida basado en textos, lo cual es bastante inusual. Los investigadores realmente se esforzaron por asegurarse de que los resultados fueran válidos, utilizando exámenes estandarizados externos como medidas de prueba, y también haciendo que el grupo de control siguiera el mismo plan de estudios y contenido que el grupo experimental. Por otro lado, si bien la adopción de un modelo de aula invertida basado en texto facilita evitar el problema de la brecha digital, cabe preguntarse si el desarrollo de la competencia oral de las personas participantes no se habría beneficiado aún más del uso de materiales audiovisuales (que también entrenan la capacidad auditiva).

El artículo *Flipped Learning in the English as a Foreign Language Classroom: Outcomes and Perceptions* escrito por Given Lee y Amanda Wallace (2018), de la Universidad Pai Chai, Corea del Sur, y la Universidad Simon Fraser, Canadá, experimentó con los usos del modelo *flipped* en el contexto del aula EFL. En su estudio, las investigadoras contrastaron el enfoque *flipped* con el enfoque de Enseñanza Comunicativa de Lenguas, como técnica de instrucción para el grupo experimental y de control respectivamente. Lee y Wallace (2018) medían tres factores en su investigación: la mejora en los resultados del aprendizaje, las opiniones del estudiantado y su participación activa en su propio aprendizaje. La investigación tuvo lugar durante un curso de inglés en la Universidad de Pai Chai. Participaron en la investigación 79 estudiantes, divididos en un grupo control (39 estudiantes) y uno experimental (40 estudiantes). En la encuesta inicial, la mayoría de los participantes señalaron que se sentían cohibidos y poco seguros cuando se les pedía que realizaran trabajos escritos u orales en inglés a pesar de haber estudiado la lengua extranjera durante aproximadamente 10 años, pero al mismo tiempo reconocían que estas habilidades eran cruciales para tener éxito en el mercado laboral. Lee y Wallace (2018) trabajaron en equipo durante la investigación, con Lee impartiendo los cursos y Wallace actuando como consultor para el diseño curricular. Ambos grupos cubrieron los mismos materiales, con la excepción de que en el grupo *flipped* la lección se transformó en un vídeo que se veía en casa, mientras que el grupo de control recibió la lección en clase. Los autores recopilaron datos a través de diversas medidas, incluidas tres encuestas, la comparación de los logros del alumnado en actividades seleccionadas, las notas de observación de la clase anotadas por el instructor después de cada clase y una prueba de competencia del alumnado en el idioma inglés. Lee y Wallace (2018) informan de que la puntuación media del grupo experimental fue significativamente superior a la puntuación media del grupo de control. Las opiniones que el estudiantado expresó sobre su experiencia a través de la encuesta fueron mayoritariamente positivas. Un pequeño número de estudiantes se mostró en desacuerdo, citando como principales razones el exceso de deberes, la preferencia por la instrucción directa por parte del profesor y la calidad de las videoconferencias. En las notas de campo, los investigadores observaron que los participantes del grupo experimental eran más activos en clase que los del grupo de control, mostraban mayores índices de interacción, estaban más interesados en recibir comentarios sobre su trabajo y parecían haber acabado con unos conocimientos generales más profundos que los del grupo de control. Por otro lado, los investigadores admiten que la clase invertida requiere que el profesorado dedique una cantidad significativa de tiempo a la preparación, reflexión y revisión, y a la elección de las actividades en clase. Asimismo, señalan que el proceso de preparación del *flipped classroom* requiere más tiempo que cuando se utilizan los métodos de enseñanza tradicionales lo cual repercute en el bienestar docente.

Comparar la clase invertida con el CLT es un enfoque único para estudiar los efectos de la instrucción invertida en la clase de ELT. Sin embargo, cabría suponer que el CLT sería una parte innata de cualquier modelo de *flipped classroom* utilizado en una clase de lengua extranjera. Por otra parte, tal vez este sea un punto positivo que garantice que el experimento examina realmente los efectos de la enseñanza invertida. Aunque ofrece una visión general de los resultados positivos, el informe se habría beneficiado de más información sobre el tipo de materiales utilizados antes de la clase, así como las actividades realizadas tanto en el grupo experimental como en el de control.

Un estudio desarrollado por Hsueh-Hua Chuang, Chih-Yuan Weng y Ching-Huei Chen (2018) se centró en determinar qué estudiantes se benefician más de una clase invertida. Los investigadores teorizaron que el éxito de la implementación del modelo *flipped* puede resentirse de la actitud del estudiantado hacia el aprendizaje individual, así como de su hábito de estudio previo al experimento, por lo que decidieron comprobar el impacto de las características individuales, como la motivación del alumnado, la autoeficacia y las creencias epistemológicas, en las puntuaciones finales de los participantes. Chuang y su equipo trabajaron con 85 estudiantes universitarios, en su mayoría hombres, durante la asignatura obligatoria «Applied English for Vocational Education», a lo largo de 7 semanas. Los investigadores utilizaron diversos métodos de recogida de datos, como un examen de lengua al principio y al final del experimento, encuestas con cuestionarios centrados en la motivación y las actitudes de los participantes sobre el aprendizaje de idiomas, y una prueba de autoeficacia basada en Wang *et al.* (2014). Con el fin de determinar el compromiso de los participantes con las videoconferencias previas a la clase, el equipo administró cuestionarios al principio de cada clase y utilizó las puntuaciones medias para medir el desarrollo de la competencia de los participantes en lengua inglesa. Las actividades de cada clase se diseñaron para promover la participación activa del alumnado, e incluían tareas como juegos educativos, actividades colaborativas y tareas analíticas. Los resultados del experimento implican una relación entre la motivación y las creencias de aprendizaje del alumnado, y la adquisición de habilidades de L2. Basándose en los resultados, los investigadores consideraron que la instrumentalidad puede haber tenido un efecto significativo en los resultados de aprendizaje de los participantes y recomendaron a los instructores que lo tuvieran en cuenta a la hora de diseñar sus propios cursos *flipped* en el futuro. También se determinó que las actitudes del alumnado influyeron en los resultados de aprendizaje en el examen final, a pesar de que el estudiantado que informó de una mayor competencia lingüística no solía obtener buenas puntuaciones en los cuestionarios regulares en clase, lo que lleva a suponer que no se involucró regularmente con las videoconferencias.

El estudio realizado por Chuang, Weng y Chen (2018) tenía un enfoque particular al investigar una serie de factores que influyen aún más en el éxito, o la falta de él, de la estrategia de enseñanza *flipped classroom*. Los resultados de su estudio pueden ser aplicables también en clases que no utilizan el modelo de enseñanza invertida, ya que cabe esperar que las características individuales del estudiantado no cambien simplemente debido al método de enseñanza empleado por el instructor. Por lo tanto, el informe puede ser de interés para docentes que se preparan para la implementación del *flipped classroom* en sus clases, pero también para otros docentes en general.

En el artículo *The flipped classroom: Does viewing the recordings matter?*, las autoras Thamar Melanie Heijstra y Margrét Sigrún Sigurðardóttir (2018), ambas de la Universidad de Islandia, ponen a prueba el valor del compromiso con los materiales previos a la clase en el modelo *flipped*. Esto contribuye a responder a la crítica frecuente de que los resultados positivos de *flipped classroom* solo se basan en estrategias de aprendizaje activo. Las investigadoras intentaron evaluar la importancia del material previo a la clase teniendo en cuenta cuatro características del perfil de los participantes: la edad, el sexo, el grupo de curso al que asistían y el programa de estudios. Heijstra y Sigurðardóttir (2018) trabajaron con 120 estudiantes que asistían a un curso metodológico en la Facultad de Administración de Empresas de la Universidad de Islandia, divididos en cuatro grupos. La duración del experimento fue de 12 semanas. Los participantes procedían de diferentes programas de posgrado ofrecidos por la Facultad de Administración de Empresas, la mayoría matriculados en programas de Gestión o Negocios. Tenían una edad comprendida entre 23 y 58 años y el 76 % eran mujeres. Para realizar el experimento, las investigadoras utilizaron Moodle, la plataforma de vídeo en línea Panopto y, para grabar las clases, la plataforma de pizarra interactiva Explain Everything. Las clases grabadas cubrían el contenido teórico del curso y todas ellas se publicaron en línea y estuvieron accesibles para el estudiantado desde el principio del curso. La suma de las duraciones de todas las videoconferencias, si se veían una sola vez, era de 212 minutos. La evaluación durante el curso no se llevó a cabo mediante exámenes, sino que consistió en tareas presentadas a través de la plataforma en línea, revisiones por pares, revisión individual de materiales del mundo real y un proyecto colaborativo. Con el fin de determinar la participación del estudiantado con los materiales previos a la clase, las investigadoras utilizaron la oferta de la plataforma Panopto, a través de la cual pudieron obtener datos detallados sobre la participación del estudiantado, incluidos los tiempos de acceso, la duración de la participación y su frecuencia. También se recomendó al estudiantado que realizara más actividades de aprendizaje individual y que utilizara la plataforma Moodle para el estudio autodirigido y como fuente de respuestas cuando tuvieran dificultades para comprender las tareas. Las autoras señalan que las personas participantes se mostraron normalmente muy motivadas y activas durante las clases presenciales centradas en los proyectos colaborativos y otras actividades enfocadas en las habilidades de pensamiento de orden superior. En el análisis de los datos, Heijstra y Sigurðardóttir (2018) compararon primero las variables de contexto con la información sobre el compromiso con los materiales previos a la clase, y luego estudiaron las conexiones entre las características de contexto del estudiantado y sus puntuaciones finales. Las investigadoras descubrieron que el género y la edad tenían un impacto inesperado en los hábitos del estudiantado con los deberes, ya que las mujeres y el estudiantado de más edad dedicaban significativamente más tiempo a comprometerse con los materiales previos a la clase que los hombres y el estudiantado más joven. Se descubrió que el compromiso con los materiales previos a la clase afectaba a las puntuaciones finales del alumnado en aproximadamente un 10 %. De los datos examinados se desprende claramente que el alumnado fue más concienzudo a la hora de interactuar con las videoconferencias al principio del proyecto y al final, pero el número observado de visionados descendió drásticamente conforme avanzaba el experimento. Heijstra y Sigurðardóttir (2018) teorizan que esto puede haber sido causado por la cantidad de trabajo que se espera que el estudiantado haga a mitad de un semestre, así como por el cansancio, y por lo tanto recomiendan que los profesionales tengan en cuenta este hallazgo al diseñar sus cursos.

Pocos autores anteriores se habían detenido específicamente en los efectos del visionado de vídeos y habían abordado directamente la crítica de que el éxito de la *flipped classroom* se debía a otros factores. Aunque el curso en el que se realizó el experimento no estaba orientado a los idiomas, la pregunta de investigación sigue siendo válida para los profesionales de todas las asignaturas. La gama de tecnologías educativas utilizadas en el estudio también puede servir de inspiración. Las autoras ofrecen información valiosa sobre los hábitos del estudiantado en términos de compromiso con los materiales publicados en línea y las recomendaciones que concretan son igualmente transferibles a cursos con un enfoque diferente.

El compromiso y la actividad del estudiantado fue el tema central del artículo *The Effect of Flipped Classroom Model on Students' Classroom Engagement in Teaching English*, escrito por Burak Ayçiçek y Tuğba Yanpar Yelken (2018), de la Universidad de Mersin (Turquía). Los investigadores decidieron probar el modelo *flipped classroom* como medio para aumentar el compromiso en el aula inspirados por Millard (2012) que afirmaba que el enfoque *flipped classroom* incrementa el compromiso activo del estudiantado en la clase. También manifiestan su convencimiento de que el modelo *flipped classroom* puede convertirse en uno de los medios más eficaces para el cambio que necesita el sistema educativo. El artículo presenta los resultados de un estudio realizado con un grupo de 40 estudiantes de secundaria, divididos equitativamente en el grupo experimental y el grupo de control. La duración del experimento fue de cuatro semanas. La pregunta de investigación que se planteó fue «¿Existe una diferencia significativa entre los niveles de compromiso en el aula del alumnado del grupo experimental a los que se imparte clase con el modelo *flipped classroom* y los del grupo de control cuyos cursos se llevan a cabo basándose en el plan de estudios actual?» (Ayçiçek & Yelken, 2018, pp. 387–388).

Para presentar los materiales teóricos al grupo experimental, Ayçiçek y Yelken (2018) emplearon videoconferencias con el fin de impartir los conocimientos teóricos cubiertos por el curso y una serie de tareas asociadas. Éstas se insertaron en las videoconferencias a través de la plataforma Edpuzzle que también se utilizó para publicar en línea los materiales previos a la clase. Las propias clases se crearon con la aplicación Screencast-O-Matic, que está disponible como software gratuito con vídeos de hasta 15 minutos de duración (se pueden crear contenidos más largos pero son de pago). Para recopilar datos, los autores adoptaron medidas del test *Inventario de Compromiso en el Aula* de Wang, Bergin y Bergin (2014), fundamentado en cinco factores de compromiso. El pre-test mostró un nivel neutro de compromiso en el aula en ambos grupos medidos en el experimento. En el post-test, las puntuaciones del grupo de control no cambiaron de manera significativa, sin embargo, las tasas de compromiso en el grupo *flipped classroom* mejoraron tanto frente a su propio resultado del pre-test como en comparación con el resultado post-test del grupo de control, y el cambio fue estadísticamente significativo. Por lo tanto, Ayçiçek y Yelken (2018) recomiendan el modelo *flipped classroom* como un medio eficaz para asegurar el compromiso del estudiantado, cambiar las lecciones con el fin de que sean más atractivas, fomentar la colaboración y la interacción, y motivar al alumnado.

El estudio presentado es probablemente el primer relato de un experimento con *flipped classroom* en la enseñanza media. También es único el enfoque de la clase invertida como medio para mejorar la participación del estudiantado. A pesar de los resultados positivos, cabe preguntarse si una estrategia de enseñanza que requiriera menos tiempo y una preparación menos complicada por parte del instructor no habría sido igual de eficaz. Básicamente, el objetivo de Ayçiçek y Yelken (2018) era hacer que su clase fuera más activa. El *flipped classroom* cumple el objetivo, pero también lo hacen otras estrategias.

El artículo *Perception and performance in a flipped Financial Mathematics classroom*, escrito por Ana Paula Lopes y Filomena Soares (2018), es uno de los pocos estudios realmente a gran escala sobre el modelo *flipped classroom* que se había publicado hasta el momento. Lopes y Soares (2018) trabajaron con 803 participantes y recopilaron los datos a lo largo de tres cursos escolares. Llevaron a cabo el experimento durante el curso de «Matemáticas Financieras», una asignatura obligatoria para el programa de pregrado de Contabilidad, en el Instituto Superior de Contabilidade e Administracao do Porto. El curso estaba compuesto por siete grupos de estudiantes, de los cuales dos serían *flipped*, y el estudiantado que asistió estaba en su segundo año de estudios. La media de estudiantes en los grupos *flipped* era de 70 por curso. El objetivo del estudio era determinar si el uso de la estrategia *flipped classroom* tendría un efecto sobre los resultados de aprendizaje del estudiantado en el curso mencionado. El curso en sí constaba de seis subtemas, de los cuales cinco se impartieron utilizando la estrategia *flipped*. El experimento utilizó la plataforma Moodle y el entorno MatActiva para interactuar con el estudiantado y darle acceso a las video-conferencias, así como proporcionarle otros materiales teóricos, tareas y cuestionarios. En lugar de crear su propio contenido de vídeo, las investigadoras hicieron uso de conferencias de acceso público de otros educadores, por ejemplo las disponibles a través de Khan Academy. El alcance de la teoría tratada durante el curso fue el mismo tanto para el grupo invertido como para el experimental, al igual que los exámenes administrados. Durante las sesiones presenciales se realizaron diversas actividades centradas en la colaboración y el debate. En combinación con los cuestionarios en línea, estas sirvieron a las investigadoras como fuente de información sobre los avances en el aprendizaje de los participantes. Para los fines del estudio, Lopes y Soares (2018) se centraron en recopilar tanto los datos sobre los logros de aprendizaje del estudiantado, como los datos relacionados con sus opiniones respecto a su experiencia. El logro de aprendizaje se midió a través de las puntuaciones obtenidas en el examen final y se compararon las tasas de éxito entre el grupo experimental y el grupo de control. Las personas que participaron en las clases *flipped* tuvieron una tasa de éxito significativamente mayor en los tres años de estudio. Las investigadoras también descubrieron que el estudiantado que se involucró con el contenido fuera de clase obtuvo puntuaciones significativamente mejores tanto en los cuestionarios en línea como en el examen final. Los datos sobre las opiniones del estudiantado se recopilaron a través de la Oficina de Registro del Instituto, donde se les pidió que evaluasen cada curso. La mayoría del estudiantado indicó que apreciaba el uso del entorno en línea y que le gustaban más las videoconferencias que los recursos basados en texto. Consideraron que las videoconferencias eran una herramienta de aprendizaje eficaz que les permitía profundizar en los conceptos tratados. El 66 % afirmó que prefería el modelo *flipped* de enseñanza al tradicional. En conclusión, las autoras enfatizan que están satisfechas con los resultados del experimento y desean seguir utilizando *flipped classroom* en el futuro.

En el artículo *Investigating temporal access in a flipped classroom: procrastination persists,* los autores Abeer AlJarrah, Michael K. Thomas y Mohamed Shehab (2018) analizaron los hábitos de estudio de su alumnado, prestando especial atención en cuándo y con qué frecuencia se comprometía con los materiales teóricos de estudio fuera de clase. Además de recopilar datos sobre los hábitos de estudio, los investigadores también estudiaron los efectos de estos en los resultados de aprendizaje de los participantes. Los investigadores trabajaron a lo largo de 16 semanas con un grupo de 63 estudiantes de Ciencias de la Computación, bien en el último año de estudios de grado, bien en el programa de máster. El experimento hizo uso de la plataforma de aprendizaje Moodle, a través de la cual el equipo investigador realizó un seguimiento del rendimiento y el compromiso individual de los participantes. Los investigadores recopilaron datos sobre el número de accesos al material teórico publicado en línea realizados por un estudiante individual, así como el momento en que un estudiante accedía al material, y luego compararon estos hallazgos con los resultados académicos del estudiante. Basándose en la experiencia, los investigadores reconocieron que la planificación y producción tanto de los materiales audiovisuales previos a la clase como de las propias lecciones requería mucho tiempo, y que era necesario que los materiales previos a la clase fueran muy pertinentes para la sesión en clase a fin asegurar su eficacia. AlJarrah *et al.* (2018) descubrieron que los vídeos se veían con más frecuencia el día de la sesión de clase y, de hecho, muchos estudiantes parecían estar viéndolos durante la lección mientras trabajaban en las tareas en clase. La mayoría de los accesos fueron realizados por el estudiantado de mayor rendimiento, lo que, según los investigadores, era de esperar. Por otro lado, en cuanto al momento de acceso, los resultados fueron más sorprendentes. Según la investigación, el alumnado de mayor y menor rendimiento académico se involucró con los vídeos relativamente por igual, sin embargo, hubo diferencias curiosamente amplias en cuanto a los tiempos de acceso en la categoría de alumnado con un rendimiento de aprendizaje medio. En conclusión, AlJarrah *et al.* (2018) teorizan que esto puede ser causado por la autoconfianza y la motivación de aprendizaje del estudiantado, asumiendo que este generalmente ajusta sus hábitos de aprendizaje en función de cuánto tiempo cree que necesitará para completar una tarea determinada. Los investigadores proponen que mientras que el estudiantado de alto rendimiento está muy motivado y confía en su habilidad, lo que le permite acceder tarde al material de estudio, y el de bajo rendimiento tiende a posponerlo hasta el último momento por resignación, el que se encuentra en el medio puede tener menos confianza en sus habilidades, pero aun así desea obtener la mejor puntuación posible y, por lo tanto, se permite más tiempo para completar sus tareas. Asimismo, los investigadores concluyeron que, si bien la procrastinación parece estar generalmente presente en el enfoque de aprendizaje y preparación para la clase de todo el estudiantado examinado, esto puede ser en realidad un esfuerzo por estudiar de manera más eficiente. Desde la perspectiva del estudiantado, es mejor ver los vídeos justo antes de la clase para que el contenido esté fresco en sus mentes en el momento en que se exponen a la tarea.

El estudio de Al-Jarrah *et al.* (2018) es singular por su enfoque. La mayoría de las investigaciones sobre *flipped classroom* hasta la fecha se centran en el resultado académico final, es decir, en el rendimiento de aprendizaje del alumnado. Muy pocos estudios responden hasta ahora a las preguntas de por qué la enseñanza invertida tiene los efectos que tiene y cómo afectan los hábitos previos del alumnado a la clase. Se trata de una cuestión interesante sobre todo porque, basándonos en la investigación anterior, sabemos que el compromiso con los materiales previos a la clase, o la falta de este, es un problema constante que la mayoría de los investigadores y profesionales de *flipped classroom* han estado denunciando. Saber cómo y cuándo el estudiantado se compromete con los materiales puede ayudarnos a ajustar estos materiales con el fin de hacerlos más eficaces, así como identificar o diseñar medidas eficaces para mejorar el compromiso y hacerlo más eficaz.

Otros estudios centrados en el uso de *Flipped Classroom* parecen apoyar también su eficacia. La investigadora Anna F. Brown, en *Implementing the Flipped Classroom: Challenges and Strategies* (Brown, 2018) considera que uno de los factores clave del éxito de la enseñanza invertida puede ser permitir que el estudiantado se acostumbre a la nueva estrategia de instrucción y asegurarse de que esta preparado para la transición, prestando especial atención a las opiniones y comentarios de los participantes. La opinión de Brown (2018) parece estar respaldada por la investigación de otros investigadores, con estudios a largo plazo, que generalmente aportan resultados más positivos, lo que sugiere que los resultados de aprendizaje del estudiantado realmente se benefician de la formación en la propia clase invertida.

En *Flipping or Flopping: Lessons Learnt from Flipping a Course for ASEAN Teachers of English*, la autora, Marie Yeo (2018), afirma haber comprobado que la clase invertida basada en texto es más eficaz que la versión basada en vídeo, alegando problemas técnicos relacionados con el uso de materiales audiovisuales, así como la preferencia de su alumnado por los textos. Aunque los hallazgos de Yeo (2018) merecen consideración, el uso de vídeos puede tener sus ventajas, especialmente en el campo del aprendizaje de idiomas. Los textos pueden parecer una opción más segura y cómoda para el estudiantado, sin embargo, las clases en vídeo tienen el potencial de incluir una mayor variedad de input lingüístico, concretamente la palabra hablada. Teniendo en cuenta que la comprensión oral es una de las cuatro destrezas lingüísticas básicas, el uso de vídeos puede contribuir a la mejora de esta.

La investigadora Martha Ramírez (2018), en *Flipping a Pronunciation Lesson for a Teacher Training Course*, presenta un estudio realizado durante un curso de inglés en Colombia. Ramírez (2018) afirma que la enseñanza invertida definitivamente le pasa factura al instructor al principio de la transición influyendo negativamente en su bienestar docente. Sin embargo, si se le da tiempo, en última instancia, puede llegar a facilitarle el trabajo. Teniendo en cuenta que el aumento de la carga de trabajo del docente ha sido nombrado como uno de los principales contras del *flipped classroom,* los hallazgos de Ramírez (2018) deberían tenerse en cuenta y practicar a la hora de diseñar y preparar las clases. Por otro lado, Ramírez (2018) señala que uno de los beneficios del *flipping* puede ser el cambio de rol del docente, lo que permite una mayor personalización e individualización y, por ende, conduce a un enfoque más eficaz de las tareas y una motivación más fácil del estudiantado. Siendo la falta de motivación uno de los obstáculos notorios a los que casi todo el profesorado se enfrenta en algún momento de su carrera, los hallazgos de Ramírez (2018) ofrecen una herramienta útil para superar este problema.

John M. Graney (2018), el autor de *Flipped Learning and Formative Assessment in an English Language Class,* informa que la clase invertida permite implementar medidas de evaluación más eficaces y el estudiantado puede ser juzgado por su habilidad lingüística real, no solo por las calificaciones de los exámenes. Este aspecto puede ser especialmente útil para el profesorado que defiende otros sistemas de calificación para asignaturas basadas en la comunicación.

Las investigadoras Carolina R. Buitrago y Juliana Díaz (2018), autoras de *Flipping Your Writing Lessons: Optimizing Time in Your EFL Writing Classroom* presentan los resultados de su estudio, apoyando la efectividad de *flipped classroom* para la enseñanza de la escritura en inglés. Buitrago y Díaz (2018) señalan que el enfoque en las habilidades cognitivas de orden superior ayudó a sus estudiantes a aprender a crear trabajos más complejos en general, mientras que, al mismo tiempo, la inversión de tiempo en clase en el proceso de escritura fue beneficiosa para su fluidez en la escritura. La disponibilidad de orientación por parte del profesor se señaló además como uno de los aspectos clave del éxito del experimento. El estudio de Buitrago y Díaz (2018) respalda la idea de que los resultados de aprendizaje del estudiantado se benefician de contar con asistencia especializada mientras trabajan en tareas más complejas, una de las piedras angulares del *flipped classroom* desde sus inicios.

Muhammad Ansori y Nahar Nurun Nafi (2019), investigadores de la Universidad Sebelas Maret de Indonesia, publicaron un informe sobre su investigación acerca de las opiniones del profesorado sobre las ventajas, desventajas y desafíos de implementar el modelo *flipped classroom* en la propia clase de inglés. Ansori y Nafi (2019) trabajaron con un grupo de 10 docentes de EFL, 5 hombres y 5 mujeres, seleccionados entre los asistentes a un curso de *flipped classroom* de nivel universitario. Los participantes seleccionados trabajaban en diversas instituciones, tanto privadas como públicas, y enseñaban en diferentes niveles del sistema educativo. En el momento de la investigación, todos los participantes ya tenían experiencia previa con la aplicación del modelo *flipped classroom* en su propia práctica docente. Ansori y Nafi (2019) pidieron al profesorado participante que rellenara un cuestionario sobre sus actitudes hacia el modelo *flipped classroom* y, a continuación, realizaron entrevistas en profundidad a tres participantes seleccionados al azar. Los autores informan de que el profesor encuestado expresó en general actitudes positivas hacia el uso del modelo *flipped classroom* y coincidió en una serie de aspectos positivos. Entre las respuestas más frecuentes estaban que el *flipped classroom* hace que el estudiantado sea más activo, le ayuda a mejorar en sus habilidades de aprendizaje, conduce a una mayor motivación y hace que el proceso de aprendizaje sea más entretenido. En las entrevistas, el profesorado también apreció el aprendizaje colaborativo que forma parte del modelo *flipped classroom*, el aumento de la interacción discente-discente y discente-docente, la personalización del proceso de aprendizaje y la opción de que el alumnado repasase la clase tantas veces como necesitase. Los retos más frecuentes de la clase invertida señalados por las personas participantes fueron los problemas técnicos relacionados con el uso de las TIC, las dificultades con la preparación de las clases y la creación de materiales adecuados previos a la clase, lo que se consideró especialmente laborioso. De igual modo señalaron dificultades para garantizar que el estudiantado se comprometa con los materiales previos a la clase y acuda a clase preparado. Los resultados muestran igualmente que por el profesorado encuestado y entrevistado no consideró que el modelo *flipped classroom* fuera especialmente útil para los absentistas.

Las conclusiones de Ansori y Nafi (2019) coinciden en su mayor parte con las investigaciones publicadas anteriormente. La información sobre la experiencia del profesorado en ejercicio es valiosa para evaluar la utilidad de este tipo de enseñanza. Sin embargo, este informe en particular no parece proporcionar datos con suficiente validez. Por un lado, la muestra seleccionada era muy pequeña, especialmente para una investigación basada en una encuesta por cuestionario en línea, por lo que es difícil de generalizar. Además, el informe no ofrece ninguna información sobre el grado de experiencia real del profesorado participante en la aplicación del modelo *flipped classroom*, ni sobre las particularidades que utilizaron en su práctica. Dado que el *flipped classroom* no es una metodología unificada y codificada con un conjunto concreto de reglas, sino más bien una estrategia general en la que el diseño depende en gran medida del docente, es posible que las personas encuestadas no hayan informado realmente sobre los mismos procesos.

Maheswarakurukkal Saravanapava Iyer (2019), profesor de la Universidad de Jaffna, Sri Lanka, publicó el artículo *Flipped English as a Second Language (ESL) Classroom Approach to Scaffold the Slow Learners*. Iyer (2019) afirma que su motivación para el estudio surgió de la experiencia de enseñar a estudiantes universitarios que llegan a clase sin estar preparados para el enfoque activo del aprendizaje, ya que nunca lo han experimentado en niveles inferiores del sistema educativo y como resultado se han convertido en estudiantado lento. Otro factor que llevó al autor a realizar el estudio fue que las cantidades de tiempo asignadas a las clases de ESL son insuficientes para garantizar un aprendizaje eficaz de la lengua. El artículo se basa en un experimento en el que 27 estudiantes de la Facultad de Letras de la Universidad de Jaffna (Sri Lanka) participaron en un curso de inglés como lengua extranjera impartido mediante la estrategia de aula invertida. Todos los participantes cursaban el primer año de estudios universitarios y al comienzo del experimento tenían un nivel intermedio de dominio de la lengua inglesa. La duración del estudio fue de un semestre estándar. El profesor del curso no era el propio investigador. Las medidas tomadas por el investigador con el fin de recopilar datos incluyeron un cuestionario de escala Likert, entrevistas con los participantes, observaciones de clase, un informe retrospectivo, y se utilizaron pruebas previas y posteriores para determinar los cambios en los niveles de competencia de las personas participantes en el idioma inglés. Iyer (2019) informa de que el 80 % del estudiantado tenía una opinión positiva de la clase invertida y que era beneficiosa para su aprendizaje. De igual forma, la comparación de los resultados del pre-test y el post-test mostraba una gran mejora en las competencias en lengua inglesa del estudiantado.

Un trío de investigadores iranís, Jahangir Mohammadi de la Universidad de Gorgan, Manijeh Youhanaee de la Universidad de Isfahan, y Hossein Barati de la Universidad de Isfahan, se centraron en su estudio en los efectos que el modelo *flipped classroom* tiene en la disposición del estudiantado a comunicarse. Su artículo, *The Effectiveness of Using Flipped Classroom Model on Iranian EFL Learners' English Achievements and Their Willingness to Communicate*, describe la implementación de *flipped classroom* en el entorno EFL en dos institutos iranís. Los investigadores trabajaron con un grupo de 95 estudiantes, de 17 años de edad en promedio, que estaban en su último año de secundaria. Dos de las clases eran solo de mujeres y dos solo de hombres. Según el diseño de la investigación, una clase exclusivamente femenina y otra exclusivamente masculina recibieron la intervención en forma de modelo de enseñanza *flipped classroom*, y las otras dos clases funcionaron como grupo de control. Los investigadores realizaron una prueba de nivel al comienzo del experimento para asegurarse de que, desde el punto de vista estadístico, todo el estudiantado tuviera el mismo nivel de dominio del inglés. La prueba de nivelación también funcionó como un pre-test con el propósito de proporcionar datos con los que se evaluaría el progreso del estudiantado comparando los resultados eventuales del post-test con el pre-test. Durante el experimento, que duró 3 meses, todo el estudiantado recibió clases del mismo instructor, utilizaron el mismo programa de estudios y el libro de texto. En el grupo experimental se utilizó la aplicación Telegram para compartir vídeos didácticos y otros contenidos relacionados previos a la clase. Según el informe, las sesiones en clase comenzaban con un debate y, si era necesario, con una nueva explicación de los contenidos del vídeo previo a la clase. A continuación, se realizaría un trabajo en parejas o en grupo consistente en completar los ejercicios del libro de texto y el cuaderno de ejercicios y revisarlos entre compañeros (intercambiando los libros de texto), y un debate relacionado con el ejercicio de lectura. El grupo de control recibiría clases impartidas con el método tradicional de enseñanza. El estudio se centró en los resultados del aprendizaje en términos de cambios en los niveles de dominio de la lengua inglesa de las personas participantes y en la disposición del estudiantado a comunicarse influido por el uso del modelo de enseñanza *flipped classroom*. Con el fin de recopilar datos, los investigadores realizaron la prueba previa mencionada anteriormente y, al final del experimento, una prueba posterior y un cuestionario centrado en la disposición de los participantes a comunicarse. Tras el post-test se advirtió al estudiantado de que sus resultados se utilizarían en el estudio. Mohammadi *et al.* (2019) informan de que el grupo experimental obtuvo resultados significativamente mejores en la post-test y la disposición del estudiantado a comunicarse también aumentó. Concluyen con la recomendación del uso del modelo *flipped classroom* como medio para desarrollar el aprendizaje colaborativo y apoyar las habilidades cognitivas de orden superior.

Los beneficios de utilizar *flipped classroom* para enseñar a estudiantes internacionales fueron el tema central del informe publicado por Behcet Öznacar y Fatma Köprülü, de la Universidad del Cercano Oriente, Chipre del Norte, y Mehmet Çağlar, de la Universidad Europea de Lefke, Chipre del Norte. El equipo se interesó por el *flipped classroom* dado su potencial para el uso de materiales auténticos que los autores consideran muy beneficioso en la enseñanza de lenguas extranjeras. Öznacar, Köprülü y Çağlar (2019) indagaron sobre los efectos del *flipped classroom* en el aprendizaje de idiomas de los participantes, en su motivación, en el papel del instructor en el *flipped classroom* y en la comparación de los beneficios con respecto a la forma tradicional de enseñanza. Öznacar *et al.* (2019) trabajaron con un grupo de 17 estudiantes que asistían a un curso de inglés de nivel intermedio en una escuela preparatoria. Dos instructores enseñaron al estudiantado durante la duración del experimento. Para compartir los contenidos con al alumnado se seleccionó la plataforma educativa Edmodo, elegida por su apoyo a la interacción entre las personas participantes y su profesorado, y se utilizaron vídeos auténticos como base para las sesiones en clase. El experimento duró 13 semanas. Al final del mismo, el equipo realizó entrevistas en profundidad centradas en la opinión del estudiantado sobre el modelo de enseñanza experimental. Las ventajas del *flipped classroom* más mencionadas fueron que se podría haber dedicado más tiempo de la clase presencial al uso práctico de la lengua meta, y que este tipo de enseñanza permite al estudiantado repasar la clase tantas veces como necesiten. Varias personas también señalaron que la *flipped classroom* es beneficiosa para el alumnado que no está presente en clase, ya que permite el aprendizaje a distancia. Por otra parte, enumeraron las que consideraban las principales ventajas de la forma tradicional de enseñanza, informando de que en el aula tradicional les resultaba más fácil concentrarse y sentían que era más interactiva, ya que permitía responder a sus preguntas en tiempo real, y también facilitaba una mayor interacción entre iguales. Los participantes advirtieron que el aula invertida no fomentaba la automotivación y que apoyaba más la destreza de escritura que cualquier otra destreza lingüística. Al mismo tiempo, apreciaron el *flipped classroom* y afirmaron haberlo disfrutado.

Mohammad Yahya Abdullah *et al.* (2020) llevaron a cabo un estudio sobre los efectos del *flipped classroom* en la autoconfianza del alumnado cuando usan la lengua inglesa. En su artículo, *Exploring the Effects of Flipped Classroom Model Implementation on EFL Learners' Self-confidence in English Speaking Performance,* explican que consideraban que la autoconfianza en la lengua extranjera era uno de los factores clave que afectaban a la fluidez del alumnado a la hora de hablar y que el efecto del *flipped classroom* sobre este factor no se había investigado previamente. Los autores creían que el enfoque centrado en el alumno, la formación en pensamiento crítico y la autonomía del alumnado del *flipped classroom*, así como la formación lingüística auténtica en clase, pueden servir para influir positiva-mente en su autoconfianza a la hora de hablar en inglés. Abdullah *et al.* (2020) trabajaron con un grupo de 27 estudiantes que participaban en el curso de «Habi-lidades Comunicativas Avanzadas» del Buraimi University College de Omán. Todo el estudiantado se encontraba en el nivel de licenciatura de sus estudios, con edades comprendidas entre los 20 y los 24 años. Los autores no indican cuál era la proporción entre mujeres y hombres del grupo, sin embargo, la universidad es una institución mixta, por lo que se puede creer razonablemente que el curso también era mixto. Durante el experimento, que duró todo el semestre, el estu-diantado asistió a tres sesiones semanales de 60 minutos en clase. Periódicamente se publicaban videoconferencias en línea con el fin de proporcionar a las personas participantes una base teórica para cada sesión presencial. Las videoconferencias, de entre 5 y 10 minutos de duración, fueron creadas por el profesor. El papel de instructor fue asumido por uno de los miembros del equipo de investigación. Se utilizó la aplicación Google Classroom como plataforma en la que se publicaron las videoconferencias, pero también la información sobre los procesos en clase y las tareas y actividades fuera de clase y los materiales relacionados. La razón para seleccionar esta plataforma en particular fue principalmente práctica: muchas otras plataformas sociales están oficialmente prohibidas en Omán y tanto discentes como docentes tenían direcciones de correo electrónico en Google, por lo que no era necesario registrarse para utilizar esta aplicación. Además, los investigadores encontraron una serie de características útiles en la aplicación, como la posibilidad de almacenar y descargar materiales, la accesibilidad desde dispositivos móviles, la función interactiva que permitía la comunicación fuera del entorno del aula, y también la posibilidad de revisión por pares a través de comentarios sobre los materiales subidos. Abdullah *et al.* (2020) recopilaron datos cualitativos y cuan-titativos, utilizando un cuestionario, realizando entrevistas a los participantes y pidiendo al estudiantado que llevara diarios en los que reflejara su experiencia. Las entrevistas se realizaron a 12 participantes seleccionados para representar de forma equilibrada los niveles bajo, medio y alto de rendimiento del estudiantado, basándose en las puntuaciones obtenidas en una prueba posterior. Dicha prueba se realizó como parte de la evaluación del curso, aunque el rendimiento general en inglés del estudiantado no formaba parte de la investigación en sí. Teniendo en cuenta los datos recogidos, los autores informan de un aumento significativo de la confianza de las personas participantes a la hora de hablar en inglés después de la intervención. Abdullah *et al.* (2020) creen que la cooperación y la interacción inherentes al modelo *flipped classroom*, así como el enfoque en la autonomía del alumnado y la instrucción entre iguales, son los factores más significativos que afectan positivamente a la autoconfianza de los participantes a la hora de hablar la lengua meta.

El informe describe un experimento bien diseñado y el enfoque principal del estudio es original: se trata de la primera publicación centrada en los efectos de la *flipped classroom* sobre la autoconfianza del estudiantado a la hora de hablar inglés. Por otra parte, los factores mencionados por los investigadores como los que más aumentan la autoconfianza del estudiantado pueden encontrarse en otras estrategias de enseñanza/aprendizaje relacionadas con el aprendizaje activo sin el aspecto invertido. Por lo tanto, es dudoso que los efectos observados puedan atribuirse realmente a la clase invertida, o que sean simplemente un subproducto de un enfoque más activo de la enseñanza. Además, todas las medidas de comprobación empleadas por los investigadores se basan en la autorreflexión de las personas participantes. La validez de los resultados se habría beneficiado del uso de al menos algunas medidas de prueba que se centrasen en otros factores como una forma de triangulación.

Duygu Umutlu y Yavuz Akpinar, de la Universidad Bogazici de Turquía, realizaron un estudio centrado en los efectos de diferentes modalidades de vídeo en el rendimiento de escritura en clases de inglés invertidas (Umutlu & Akpinar, 2020). Las preguntas de la investigación se plantean en torno a los efectos del *flipped classroom* en la clase de escritura académica y en determinar las diferencias que haya entre las distintas modalidades de escritura académica. Umutlu y Akpinar (2020) realizaron un experimento con estudiantado universitario de primer año cuyo nivel inicial de dominio del inglés se determinó como B1. Se dividió a 109 estudiantes en 6 grupos experimentales los cuales recibirían clases utilizando el modelo de aula invertida, y a cada grupo se le proporcionó una forma diferente de videoconferencia. Las actividades en clase de los grupos experimentales consistían principalmente en tareas mediante las cuales el estudiantado se preparaba para escribir una redacción de 5 párrafos. En el diseño de la investigación también se empleó un grupo de control que trabajaba con el diseño de curso tradicional, incluyendo clases magistrales y fichas de ejercicios. Los planes de clase eran idénticos para los 7 grupos, pero cada uno tenía su propio instructor. La duración del experimento fue de 1 unidad. Se eligió la plataforma Articulate Storyline 360 con el fin de publicar los materiales para los grupos experimentales. Las videoconferencias fueron creadas por los investigadores. Se adoptó un formato de presentación de vídeo utilizando diapositivas que duraban entre 18 y 20 minutos cada una. Dependiendo del grupo experimental, la videoconferencia podía estar narrada con el texto a continuación, o incluir texto seguido de narración, o con narración y texto al mismo tiempo. El ritmo de la conferencia estaba preprogramado o controlado por el usuario. La secuencia de las diapositivas estaba preprogramada y la presentación contenía partes con preguntas de seguimiento que el usuario debía responder después de ver cada sección si quería pasar a la siguiente. Para recopilar datos, Umutlu y Akpinar (2020) realizaron un pre-test y un post-test en forma de tarea escrita (redacción de 5 párrafos), así como un post-test de recuerdo centrado en determinar cuánta información retenía el alumnado de las clases. En el pre-test se determinó que, desde el punto de vista estadístico, todos los grupos eran iguales en sus capacidades de escritura en lengua inglesa. Después de la intervención, los grupos experimentales obtuvieron mejores puntuaciones que el grupo control tanto en la tarea de redacción de ensayos como en el post-test de recuerdo; sin embargo, esta diferencia sólo fue estadísticamente significativa en uno de los grupos experimentales para cada una de los post-tests. El grupo experimental al que se le proporcionaron videoconferencias en las que la presentación contenía texto y posteriormente iba seguida de una narración obtuvo una puntuación significativamente mejor en la prueba posterior que el grupo de control. El grupo experimental al que se le proporcionaron videoconferencias con un ritmo preprogramado obtuvo puntuaciones significativamente mejores en la prueba de ensayo que el grupo de control. Las diferencias entre las puntuaciones obtenidas por los distintos grupos experimentales no fueron significativas desde un punto de vista estadístico.

Umutlu y Akpinar (2020) llevaron a cabo un estudio inusual en el que se probaron diferentes modalidades de videoclases con el fin de determinar cuál de ellas era la más eficaz como parte del modelo de aula invertida. Ciertamente, este enfoque del estudio es importante ya que la eficacia de los distintos tipos de videoconferencias puede diferir y el profesorado en ejercicio podría beneficiarse de indicaciones sobre qué modalidades de videoconferencias serían más útiles de aplicar. Sin embargo, todas las modalidades de vídeo analizadas en el estudio presentado se basan en presentaciones de diapositivas. Sería interesante ver comparaciones con otros tipos de videoconferencias, especialmente centradas en el modo de presentar la información. Además, cabe advertir que este estudio sólo contó con un pequeño número de participantes y fue muy breve, puesto que consistió en una única unidad invertida, lo que impide la generalización de los resultados.

Chi Yang y Yuanyuan Chen, de la Universidad de Educación de Hong Kong, centraron su investigación en los usos de la clase invertida en la enseñanza del inglés como lengua extranjera a alumnado de primaria. En su informe afirman que, con la política oficial de la educación china centrada en avanzar hacia una mayor informatización del proceso de enseñanza/aprendizaje, vieron en el *flipped classroom* una de las posibles respuestas a la petición, debido, por un lado, a su enfoque moderno de la educación y, por otro, al hecho de que se trata de un modelo de instrucción iniciado por el profesor. Los investigadores centraron su estudio en la opinión del estudiantado sobre este tipo de enseñanza; los hábitos de visionado de vídeos previos a la clase; los resultados de aprendizaje en el grupo experimental; y los resultados de aprendizaje del grupo experimental frente a los del grupo de control. Yang y Chen (2020) trabajaron con un grupo de 189 estudiantes, de edades comprendidas entre los 9 y los 10 años, durante las clases obligatorias de EFL. El alumnado, que tenía un nivel estadísticamente igual de dominio de la lengua inglesa antes de la intervención, se dividió equitativamente en el grupo experimental y el grupo de control. El experimento se desarrolló a lo largo de un semestre del curso escolar y se centró en la enseñanza de las vocales en lengua inglesa. Las videoconferencias no se crearon específicamente para este estudio, sino que se encontraban en la plataforma de intercambio de vídeos You-Tube. Tenían una duración aproximada de 4 minutos y se impartían únicamente en inglés. Para recopilar los datos, Yang y Chen (2020) realizaron una prueba previa y otra posterior sobre el conocimiento de los sonidos vocálicos en inglés, se realizó una encuesta anónima, se pidió al estudiantado que llevara un registro de sus hábitos de visionado de vídeos previos a la clase (anotando cuántas veces y durante cuánto tiempo habían visto cada vídeo) y se realizaron entrevistas a 8 estudiantes del grupo de intervención. Tras analizar los datos recogidos, los investigadores informan de que el estudiantado tenía una opinión ampliamente favorable acerca de la clase invertida. A la mayoría le parecieron útiles los vídeos, aunque algunas personas tuvieron problemas para entenderlos. Los investigadores admitieron haber tenido problemas con el compromiso del estudiantado antes de la clase. La mayoría sólo vio cada vídeo una vez y aproximadamente el 20 % no vio ninguno de los vídeos. Además, menos de la mitad afirmaron haber utilizado la opción de pausar y rebobinar alguno de los vídeos. Los datos sobre los resultados del aprendizaje fueron más prometedores. Las puntuaciones obtenidas por los miembros del grupo de intervención en la prueba posterior fueron superiores a las de la prueba previa por un margen estadísticamente significativo. Por otra parte, en comparación con el grupo de control, el grupo de intervención obtuvo puntuaciones ligeramente inferiores tanto en la prueba previa como en la posterior. Sin embargo, la diferencia no fue estadísticamente significativa en ninguno de los exámenes y, a efectos estadísticos, ambos grupos obtuvieron los mismos resultados. Los profesores apreciaron los aspectos de ahorro de tiempo de la *flipped classroom* en clase. Uno de ellos señaló el potencial de apoyo a la autonomía del alumnado que ofrece la *flipped classroom*. Otro consideró que buscar y adaptar los vídeos requería mucho tiempo, mencionando un potencial de cooperación entre profesores. Además, subrayó la necesidad de apoyo de las familias durante la parte previa a la clase de este tipo de enseñanza.

El estudio presentado por Yang y Chen (2020) se realizó con un número relativamente elevado de alumnado (lo que aumenta la validez de los resultados presentados). Sin embargo, los datos recopilados no mostraron una mejora relevante del grupo de intervención en comparación con el grupo de control. Esto lleva a preguntarse si la interpretación que estos autores hacen de la clase invertida vale la pena por la cantidad de esfuerzo que exige al instructor en comparación con el método tradicional de enseñanza. Por lo tanto, habría que ser más cauto a la hora de recomendar la promoción de *flipped classroom* en las aulas de EFL de primaria chinas. Y lo que es más importante, los propios autores admiten que no se investigó a fondo la actividad del estudiantado en clase ni se realizaron observaciones de las clases. El hecho de no tener en cuenta las actividades realizadas en el aula reduce el diseño experimental de *flipped classroom* a un simple cambio del marco temporal en el que se presenta la clase, que no es en absoluto en lo que realmente consiste el *flipped classroom*. Además, los autores utilizaron vídeos auténticos extraídos de YouTube pero no se nos ofrece información sobre el contenido de estos materiales. Teniendo en cuenta que el estudiantado informó de dificultades para comprender los materiales previos a la clase, estos vídeos pueden haber sido demasiado difíciles para el grupo de edad y también para su dominio de la lengua inglesa, lo que pudiera agravar el problema de los bajos índices de compromiso del estudiantado con los materiales previos a la clase y posiblemente socavar el éxito potencial del experimento.

Los efectos de la clase invertida sobre la autoeficacia del estudiantado en el aprendizaje de la lengua inglesa fue el tema central del estudio realizado por Ehsan Namaziandost, de la Universidad Islámica Azad de Shahrekord, Irán, y Fidel Çakmak de la Universidad Alanya Alaaddin Keykubat, Turquía. Namaziandost y Çakmak (2020) confiaban en que la creencia del estudiantado en su capacidad para tener éxito era un factor crucial en el proceso de aprendizaje. Además de otros factores, Namaziandost y Çakmak (2020) consideraron las diferencias en la autoeficacia del estudiantado en función de su sexo. Con el fin de disponer de una muestra suficiente para el experimento, los investigadores reclutaron a estudiantes de una escuela privada mixta de idiomas de Irán, que asistían a un curso de inglés general. Los 58 participantes se seleccionaron a partir de una prueba de nivel inicial, para garantizar que formaban un grupo homogéneo en cuanto a su dominio del idioma. Se determinó que el nivel de inglés de la muestra era intermedio bajo. A continuación, se dividieron en el grupo experimental (31 estudiantes) y el grupo de control (27 estudiantes). El grupo de control recibió clases que consistían en una conferencia, tareas de práctica en clase y ejercicios para casa. El grupo experimental se adaptó al modelo de enseñanza *flipped classroom*. Durante la intervención se pidió al estudiantado que realizara una tarea previa a la clase, consistente en una videoconferencia y una tarea de grupo relacionada. Las videoconferencias fueron creadas por los instructores y duraban entre 12 y 14 minutos cada una. Los materiales previos a la clase se publicaron a través de la plataforma educativa Edmodo, donde también se pusieron a disposición del estudiantado materiales de estudio adicionales. Durante la sesión en clase, el grupo experimental realizó ejercicios orientados a la comunicación, trabajo en grupo y tareas elegidas para cumplir el principio de aprendizaje activo. Si era necesario, se volvían a explicar los conceptos de las videoconferencias. Las personas participantes podían acceder a los contenidos en línea durante las actividades en clase y el profesor les proporcionaba retroalimentación continuamente durante las actividades realizadas en clase. Los investigadores utilizaron como método de recogida de datos un pre-test y un post-test centrados en la autoeficacia del estudiantado. Las pruebas se basaron en la Escala de Autoeficacia adaptada de Greene *et al.* (2004). Las preguntas de investigación formuladas por los investigadores se focalizaron en las diferencias de autoeficacia dentro de cada grupo en el pre-test y el post-test; las diferencias en los cambios en las puntuaciones del pre-test y del post-test entre el grupo experimental y el grupo de control; y las diferencias de autoeficacia dentro de cada grupo en función del sexo de las personas participantes. El estudio arrojó resultados interesantes. Por un lado, en el grupo de control no hubo diferencias significativas en la autoeficacia del estudiantado antes y después del experimento, y tampoco se descubrieron diferencias entre la autoeficacia de hombres y mujeres. Sin embargo, en el grupo de intervención, hubo una diferencia estadísticamente significativa entre las puntuaciones obtenidas antes y después de la prueba y, aunque las diferencias entre la autoeficacia inicial y final de los hombres no fueron estadísticamente significativas, las mujeres participantes obtuvieron puntuaciones significativamente más altas en la autoeficacia posterior a la prueba. También se descubrió una diferencia estadísticamente significativa entre los resultados finales de los dos grupos, a favor del grupo de intervención. Partiendo de estos resultados, Namaziandost y Çakmak (2020) concluyen que el *flipped classroom* es beneficioso para la autoeficacia del alumnado y parece beneficiar más a las alumnas que a los alumnos.

El estudio realizado por Namaziandost y Çakmak (2020) fue original al centrarse en la capacidad autopercibida del estudiantado para tener éxito en clase, siendo la primera vez que se ponía a prueba este aspecto concreto con el modelo *flipped classroom*. Los resultados parecen ciertamente prometedores. Sin embargo, el informe no demostró cómo el aumento de la autoeficacia del estudiantado era resultado de la estrategia de enseñanza *flipped classroom* y no simplemente producto de un enfoque más activo y comunicativo del aprendizaje de idiomas. El informe tampoco explicaba las diferencias entre el aumento de la autoeficacia de hombres y mujeres, sólo afirma que el resultado va en contra de la creencia general (en Irán) de que las mujeres tienen menos confianza en sí mismas que los hombres. Si este fuera el caso, hubiera quedado reflejado en el pre-test, pero el estudio no informa de ello. Además, el pequeño tamaño de la muestra no permite realmente hacer generalizaciones sobre las diferencias de género en el aprendizaje de idiomas.

Otro estudio que trabajó con alumnado de primaria fue realizado por Di Zou, de la Universidad de Educación de Hong Kong. Zou (2020) se centró en los usos de *flipped classroom* en combinación con gamificación para clases de inglés como lengua extranjera en Educación Primaria. La investigación tiene en cuenta las opiniones del alumnado y profesorado de primaria sobre las clases de inglés como lengua extranjera gamificadas, y en las diferencias y similitudes entre las opiniones del profesorado y alumnado. Durante el experimento, que tuvo lugar a lo largo de un curso escolar, 227 estudiantes de primaria de entre 9 y 10 años (4.º y 5.º curso) recibieron intervención en forma de modelo de enseñanza gamificada *flipped classroom* utilizado en 6 unidades seleccionadas. Todas las personas participantes asistían a una escuela primaria local de Hong Kong, había una distribución equitativa de alumnos y alumnas, y todos se consideraban estudiantes principiantes de EFL, habiendo estudiado inglés previamente en la escuela durante una media de 5 años. El alumnado recibió clases de 8 docentes de EFL que no tenían ninguna experiencia previa al experimento con el modelo *flipped classroom*, aunque fueron formados en la estrategia de enseñanza y asistieron a mesas redondas con otros profesores y sus formadores como parte del estudio. Los materiales utilizados durante el experimento fueron creados por el profesorado participante, con la ayuda de sus formadores, antes del inicio del experimento. Constaban de 6 videoconferencias de aproximadamente 3 minutos de duración cada una y de las correspondientes tareas en línea previas a la clase. Para compartir los materiales en línea con el alumnado se utilizó la plataforma Edpuzzle, seleccionada por su característica de respuesta automática e inmediata al completar una tarea en línea, así como por otros factores (permite observar el progreso del alumnado tanto en la participación en las vídeo-lecciones como en la finalización de las tareas por parte de familias y docentes, es gratuita y fácil de usar incluso para un principiante). Se optó por un espectro de aplicaciones y herramientas web para gamificar el proceso de aprendizaje, incluida la plataforma de aprendizaje Kahoot! con la que el estudiantado y profesorado ya tenían experiencia de clases anteriores de EFL. Zou (2020) llevó a cabo observaciones de las clases, entrevistas con las personas participantes, conversaciones con el profesorado y los formadores, realizó una prueba previa y otra posterior para medir los resultados del aprendizaje y recogió datos sobre el compromiso del estudiantado con los vídeos. Además de recopilar información sobre si el estudiantado abría cada vídeo, el investigador también pudo recabar datos sobre el compromiso del estudiantado con partes específicas de las clases, presumiblemente viendo qué partes de la teoría les resultaban difíciles al estudiantado y por eso las volvían a ver. Según los datos recogidos, casi toda la muestra consideró que las clases de inglés gamificadas eran más interesantes que las anteriores. 9 de cada 10 estudiantes consideraron que la gamificación de las clases *flipped classroom* era agradable, y 7 de cada 10 indicaron que disfrutaron con las actividades en clase. Aproximadamente el 25 % del estudiantado encontró difícil el aprendizaje autodirigido previo a la clase, sin embargo, el 80 % indicó que este tipo de aprendizaje les parecía significativo y que merecía la pena el esfuerzo adicional. Se observaron altos índices de finalización de las tareas previas a la clase, incluido el visionado de las clases en vídeo. Basándose en las puntuaciones de los ejercicios previos a las clases adjuntos a las videoconferencias, el estudiantado mostró niveles relativamente altos de retención de la información. En otras palabras, las videoconferencias cumplieron el propósito de transferir información de forma efectiva. Las valoraciones del profesorado sobre el modelo gamificado de *flipped classroom* también fueron en general favorables. El profesorado consideró que la gamificación del aula invertida era motivadora y creían que fomentaba la confianza del estudiantado en sí mismo y su capacidad para participar en el aprendizaje autodirigido. De igual forma, se observaron tasas de actividad más altas que antes, especialmente en el estudiantado que era menos participativo. El profesorado valoró más positivamente la tarea previa a la clase (visionado de vídeos) que parte del alumnado (el cual indicó que era un reto). El investigador concluye que los instructores estaban satisfechos con los resultados del experimento y planean seguir utilizando el modelo gamificado de *flipped classroom* en su práctica en el futuro.

El informe de Zou (2020) describe un experimento con un alcance relativamente grande en términos del tamaño de la muestra, el número de instructores implicados y la duración del experimento. Por otro lado, sólo se llevaron a cabo 6 sesiones gamificadas *flipped* –esto parece más bien poco, teniendo en cuenta la duración del experimento y pudiera arrojar dudas sobre la validez de los resultados. ¿Pueden los datos recogidos reflejar realmente los efectos del *flipped classroom* si las pausas entre las sesiones experimentales fueron de más de un mes cada una? Después de todo, la experiencia de otras investigaciones publicadas parece indicar que al estudiantado le va mejor con *flipped classroom* cuanto más tiempo están expuestos a la intervención. Además, los investigadores combinaron dos modelos de enseñanza (gamificación y *flipped classroom*) que ya han demostrado su eficacia. Sin embargo, el informe no incluye una comparación de los efectos del método combinado con uno o ambos por separado, ni una comparación con el modo tradicional de enseñanza, lo que nos lleva a no tener ninguna prueba de que el método mixto sea realmente más eficaz que cualquiera de los otros tres.

Yanxia Du, del Departamento de Inglés de la Universidad de Energía Eléctrica del Norte de China, en Baoding (China), habla sobre los efectos del *flipped classroom* en la autonomía de aprendizaje del estudiantado. En el artículo *Study on Cultivation College Students' English Autonomous Learning Ability under Flipped Classroom Model*, Du (2020) explica que se puso a explorar la razón por la que la capacidad de aprendizaje autónomo mejora los resultados del aprendizaje y el uso de la tecnología de la información hace que sea más fácil de apoyar. Du (2020) trabajó con 60 estudiantes de primer año en su institución de origen durante un semestre. Toda la muestra tenía 18 años y el idioma inglés no era el tema central de sus estudios. El experimento incluía un grupo experimental y un grupo de control que, al comienzo del experimento, eran iguales en su dominio de la lengua inglesa. Ambos compartían el programa de estudios, el libro de texto y el profesor. Los dos grupos recibieron 4 clases de inglés a la semana, de 60 minutos cada una. Al grupo de control se le enseñó con el método tradicional y la intervención en el grupo experimental incluyó una tarea previa a la clase, una sesión en clase y una tarea posterior a la clase. La tarea previa a la clase contemplaba un debate sobre el tema de la siguiente lección entre el profesor y el alumnado, material teórico creado por el profesor en forma de videoconferencia o presentación, y ejercicios en línea relacionados con la teoría tratada. Los contenidos se compartieron con el alumnado a través de diversas plataformas de aprendizaje para garantizar que tuvieran fácil acceso a los materiales. El trabajo previo a la clase tenía un plazo que el alumnado estaba obligado a cumplir. Durante la sesión en clase, el estudiantado participó en actividades de grupo y se seleccionó a un estudiante de cada uno de los grupos para que se responsabilizara de la realización de la tarea en grupo. Después de la clase, las personas del grupo experimental debían completar una tarea y un examen en línea. Du (2020) utilizó diversas medidas para recopilar datos sobre las capacidades de aprendizaje autónomo del estudiantado, como un cuestionario inicial, un cuestionario final, entrevistas con las personas participantes, observaciones en el aula y pruebas de los resultados del aprendizaje (en términos de dominio del inglés). El análisis de los datos recogidos mostró que el grupo experimental obtuvo puntuaciones significativamente mejores en la prueba posterior de lengua inglesa que el grupo de control. El grupo experimental también mejoró en su capacidad de aprender de forma autónoma por un margen estadísticamente significativo, mientras que la autonomía de aprendizaje del grupo de control no experimentó un cambio significativo. Más del 80 % creía que la fase previa a la clase del experimento facilitaba el aprendizaje fuera del aula y, por tanto, les animaba a realizar una actividad de aprendizaje autorregulado. Por otra parte, el 50 % del grupo experimental declaró que el modelo de *flipped classroom* empleado le parecía demasiado lento. Du (2020) concluye que el *flipped classroom* ayuda a formar al estudiantado para que sean más autónomo en su proceso de aprendizaje, pero que es necesario supervisarlo ya que muchos estudiantes carecen de autodisciplina. También teoriza que fue el estudiantado introvertido el que no pudo hacer frente a la clase invertida y prefirió la enseñanza tradicional debido a su introversión.

El modelo de aula invertida presentado ha cultivado alumnado más autónomo y autorregulado y promovido una enseñanza centrada en el alumno. Sin embargo, es bastante exigente en términos de inversión de tiempo. El objetivo de la *flipped classroom* no es simplemente añadir tareas al alumnado, sino utilizar el tiempo que ya se invierte de una manera más significativa. Además, se proporciona muy poca información sobre las tareas en clase y el contenido previo a la clase. La afirmación de que al estudiantado introvertido le va mejor con la enseñanza tradicional y no se beneficia de la clase invertida es, como poco, controvertida, y la autora no la apoya con ningún tipo de datos de su propio estudio, ni de los estudios de otros investigadores.

El trabajo de Lenka Birová, Raúl Ruiz Cecilia y Juan Ramón Guijarro Ojeda (2023), titulado *Flipped classroom in EFL: a teaching experience with pre-service teachers*, implementa un modelo de aula invertida para mejorar la competencia lingüística en inglés de un grupo de estudiantes. Para lograr este objetivo, se plantearon dos preguntas de investigación:

1. ¿Aumenta el modelo sugerido de estrategia de enseñanza *flipped classroom* la precisión del alumnado en el uso de la gramática en la lengua meta más que la estrategia de aprendizaje activo sin *flipped*?
2. ¿Aumenta el modelo sugerido de estrategia de enseñanza *flipped classroom* la competencia auditiva del alumnado en la lengua meta más que la estrategia de aprendizaje activo sin *flipped*?

Los participantes en el estudio fueron 55 estudiantes de la Facultad de Educación de la Universidad de Trnava (Eslovaquia), de los cuales 45 eran mujeres y 10 hombres. Todas las personas participantes se formaban para ser docentes de lengua y literatura inglesas en su primer año de estudios universitarios. La investigación tuvo un diseño semi-experimental de pre-test/post-test que se aplicó al grupo de control y al experimental. Los resultados muestran que el alumnado del *flipped classroom* tuvo un efecto positivo estadísticamente significativo en las destrezas auditivas de los participantes. En cuanto a la gramática, tanto el grupo de control como el de investigación mejoraron, pero los resultados no fueron estadísticamente significativos. Estos resultados coinciden parcialmente con los de estudios anteriores, en los que la precisión lingüística también era un indicador del éxito de la clase invertida. Las implicaciones de esta investigación son importantes, ya que la comprensión oral, a menudo denominada la «cenicienta» de las destrezas lingüísticas, se ha pasado por alto con frecuencia en las clases de inglés como lengua extranjera, lo que ha provocado que el estudiantado no alcance los niveles de competencia esperados.

Como demuestra la revisión bibliográfica anterior, la investigación publicada sobre los usos de la *flipped classroom* en la enseñanza y la enseñanza de la lengua inglesa se ha ampliado en cantidad, calidad y complejidad. Mientras que hace una década apenas se podía encontrar un artículo que diera cuenta de un estudio real orientado a la investigación sobre los usos de la *flipped classroom* en el aula de inglés, ahora las publicaciones se cuentan por decenas de miles.

REFERENCIAS

ABDULLAH, M.Y.; HUSSIN S.; HAMMAD, Z.M. y ISMAIL, K. (2020). *«Exploring the Effects of Flipped Classroom Model Implementation* on EFL Learners' Self-confidence in English Speaking Performance». En M. Al-Emran, K. Shaalan y A. Hassanien (Eds.), *Recent Advances in Intelligent Systems and Smart Applications. Studies in Systems, Decision and Control.* Springer, Cham.

AELTERMAN, A.; ENGELS, N.; VAN PETEGEM, K. y VERHAEGHE, J.P. (2007). «The wellbeing of teachers in Flanders: The importance of a supportive school culture». *Educational Studies*, 33, 285–297.

AHMAD, S.Z. (2016). «The Flipped Classroom Model to Develop Egyptian EFL Students' Listening Comprehension». *English Language Teaching*, 9(9), 166–178. https://doi.org.10.5539/elt.v9n9p166

AL-HARBI, S.S. y ALSHUMAIMERI, Y.A. (2016). «The Flipped Classroom Impact in Grammar Class on EFL Saudi Secondary School Students' Performances and Attitudes». *English Language Teaching*, 9(10), 60–80. https://doi.org.10.5539/elt.v9n10p60

ALJARRAH, A., THOMAS, M.K. y SHEHAB, M. (2018). «Investigating temporal access in a flipped classroom: procrastination persists». *International Journal of Educational Technology in Higher Education*, 15(1). https://doi.org/10.1186/s41239-017-0083-9

ALSOWAT, H. (2016). «An EFL flipped classroom teaching model: Effects on English language higher-order thinking skills, student engagement and satisfaction». *Journal of Education and Practice*, 7(9), 108–121.

ANDERSON, L.W., KRATHWOHL, D.R., AIRASIAN, P.W., CRUIKSHANK, K.A., MAYER, R.E., PINTRICH, P.R., RATHS, J., y WITTROCK, M.C. (2001). *A Taxonomy for Learning, Teaching, and Assessing: A Revision of Bloom's Taxonomy of Educational Objectives.* Longman.

ANSORI, M. y NAFI, N.N. (2019). «English teachers' perceived benefits and challenges of flipped classroom implementation». *JEELS (Journal of English Education and Linguistics Studies)*, 5(2), 211–228.

ASH, K. (2012). «Educators evaluate flipped classrooms». *Education Week*, 32(2), s6–s8.

ASHBY, P. (2011). *The Flipped Lecture – A Pre-Vodcasting Trial* [Comunicación en congreso]. University of Westminster Annual Learning and Teaching Symposium, Londres. https://doi.org.10.13140/2.1.2693.8568

AVEY, J.B.; LUTHANS, F.; SMITH, R.M. y PALMER, N.F. (2010). «Impact of positive psychological capital on employee well-being over time». *Journal of Occupational Health Psychology,* 15, 17–28. https://doi.org/10.1037/a0016998.

AYÇIÇEK, B. y YANPAR YELKEN, T. (2018). «The Effect of Flipped Classroom Model on Students' Classroom Engagement in Teaching

English». *International Journal of Instruction*, 11(2), 385–398.

BASAL, A. (15-17 de noviembre, 2012). *The use of flipped classroom in foreign language teaching* [Comunicación en congreso]. 3rd Black Sea ELT Conference "Technology: A Bridge to Language Learning, Samsun, Turquía.

— (2015). «The implementation of a flipped classroom in foreign language teaching». *Turkish Online Journal of Distance Education*, 16(4), 28–37.

BERGMANN, J. y SAMS, A. (2012). *Flip your classroom: Reach every student in every class every day*. International society for technology in education.

BERRETT, D. (2012). «How 'Flipping' the Classroom Can Improve the Traditional Lecture». *The Education Digest,* 78(1), 36–41.

BIROVA L.; RUIZ-CECILIA R. y GUIJARRO-OJEDA, J.R. (2023). «Flipped classroom in EFL: a teaching experience with pre-service teachers». *Frontiers in Psychology* 14:1269981. https://doi.org.10.3389/fpsyg.2023.1269981

BLOOM, B.S.; KRATHWOHL, D.R. y MASIA, B.B. (1984). *Taxonomy of educational objectives: the classification of educational goals.* Longman.

BRONFENBRENNER, U. (1979). *The Ecology of Human Development: Experiments by Nature and Design*. Harvard University Press.

BROWN, A.F. (2012). *A phenomenological study of undergraduate instructors using the inverted or flipped classroom model* [Tesis doctoral, Pepperdine University]. E-archivo. https://core.ac.uk/download/pdf/288853749.pdf

— (2018). «Implementing the Flipped Classroom: Challenges and Strategies». En J. Mehring y A. Leis (Eds.), *Innovations in Flipping the Language Classroom* (11–21). Springer.

BRUNSELL, E. y HOREJSI, M. (2011). «"Flipping" Your Classroom». *The Science Teacher,* 78(2), 10.

BUITRAGO, C.R. y DIAZ, J. (2018). «Flipping your writing lessons: Optimizing time in your EFL writing classroom». En J. Mehring y A. Leis (Eds.), *Innovations in flipping the language classroom* (69–91). Springer. https://doi.org/10.1007/978-981-10-6968-0_6

BURKE, A.S. y FEDOREK, B. (2017). «Does "flipping" promote engagement?: A comparison of a traditional, online, and flipped class». *Active Learning in Higher Education*, 18(1), 11–24. https://doi.org/10.1177/1469787417693487

CENTEIO, E.E. (2017). «The have and have nots: an ever-present digital divide». *Journal of Physical Education, Recreation & Dance*, 88(6), 11–12. https://doi.org/10.1080/07303084.2017.1331643

CHEMERO, A. (2003). «An outline of a theory of affordances». *Ecological Psychology*, 15, 181–195. https://doi.org/10.1207/S15326969ECO1502_5

CHUANG, H.H.; WENG, C.Y. y CHEN, C.H. (2018). «Which students benefit most from a flipped classroom approach to language learning?». *British Journal of Educational Technology*, 49(1), 56–68. https://doi.org/10.1111/bjet.12530

COCKRUM, T. (2013). *Flipping your English class to reach all learners: Strategies and lesson plans.* Routledge.

COOK, C.R.; MILLER, F.G.; FIAT, A.; RENSHAW, T.; FRYE, M.; JOSEPH, G. y DECANO, P. (2017). «Promoting secondary teachers' wellbeing and intentions to implement evidence-based practices: Randomised evaluation of the achiever resilience curriculum». *Psychology in the Schools*, 54, 13–28.

Council of Europe (2001). *Common European Framework of Reference for Languages: Learning, Teaching, Assessment.* Council of Europe Publishing, Strasbourg. www.coe.int/lang-cefr

— (2014). *Conclusions on multilingualism and the development of language competences.* https://www.consilium.europa.eu/uedocs/cms_data/docs/pressdata/en/educ/142692.pdf

DAY, C. y GU, Q. (2010). *The New Lives of Teachers.* Routledge.

DAY, C. y QING, G. (2009). «Teacher emotions: Wellbeing and effectiveness». En P.A. Schutz y M. Zembylas (Eds.), *Advances in Teacher Emotion Research* (15–31). Springer.

DECI, E.L. y RYAN, R.M. (2008). «Hedonia, eudaimonia, and well-being: An introduction». *Journal of Happiness Studies: An Interdisciplinary Forum on Subjective Well-being*, 9, 1–11.

DIENER, E.; WIRTZ, D.; TOV, W.; KIM-PRIETO, C.; CHOI, D.; OISHI, S. y BISWAS-DIENER, R. (2010). «New well-being measures: Short scales to assess flourishing and positive and negative feelings». *Social Indicators Research,* 97(2), 143–156. https://doi.org/10.1007/s11205-009-9493-y

DOMAN, E. y WEBB, M. (2017). «The flipped experience for Chinese university Students studying English as a foreign language». *TESOL Journal,* 8(1), 102–141. https://doi.org/10.1002/tesj.264

DU, Y. (2020). «Study on Cultivating College Students' English Autonomous Learning Ability under the Flipped Classroom Model». *English Language Teaching,* 13(6), 13–19. https://doi.org/10.5539/elt.v13n6p13

EGBERT, J.; HERMAN, D. y LEE, H.G. (2015). «Flipped instruction in English language teacher education: A design-based study in a complex, open-ended learning environment». *The Electronic Journal for English as a Second Language,* 19(2), 1–23.

EKMEKCI, E. (2017). «The flipped writing classroom in Turkish EFL context: A comparative study on a new model». *Turkish Online Journal of Distance Education,* 18(2), 151–167.

ELFATAH, M.A. y AHMED, A.S. (2016). «The effect of a flipping classroom on writing skill in English as a foreign language and students' attitude towards flipping». *US-China Foreign Language,* 14(2), 98–114.

ENGIN, M. (2014). «Extending the flipped classroom model: Developing second language writing skills through student-created digital videos». *Journal of the Scholarship of Teaching and Learning,* 12–26. https://doi.org/10.14434/josotlv14i5.12829

ENGIN, M. y DONANCI, S. (2014). «Flipping the classroom in an academic writing course». *Journal of Teaching and Learning with Technology,* 3(1), 94–98. https://doi.org/10.14434/jotlt.v3n1.4088

EUR-Lex (2016). Lifelong learning – key competences. https://eur-lex.europa.eu/legal-content/EN/TXT/?uri=LEGISSUM:c11090

EVSEEVA, A. y SOLOZHENKO, A. (2015). «Use of flipped classroom technology in language learning». *Procedia-Social and Behavioral Sciences,* 206, 205–209. https://doi.org/10.1016/j.sbspro.2015.10.006

FULTON, K. (2012). «Upside down and inside out: Flip Your Classroom to Improve Student

Learning». *Learning & Leading with Technology,* 39(8), 12–17.

GARRISON, D.R. y AKYOL, Z. (2013). *The Community of Inquiry theoretical framework.* En M.G. Moore (Ed.), *Handbook of distance education* (104–119). Routledge.

GILLETT-SWAN, J.K. y SARGEANT, J. (2014). «Wellbeing as a process of accrual: Beyond subjectivity and beyond the moment». *Social Indicators Research,* 121, 135–148. https://doi.org/10.1007/s11205-014-0634-6

GRANEY, J.M. (2018). «Flipped Learning and Formative Assessment in an English Language Class». En J. Mehring y A. Leis (Eds.), *Innovations in Flipping the Language Classroom.* Springer. https://doi.org/10.1007/978-981-10-6968-0_5

GREENE, B.A.; MILLER, R.B.; CROWSON, H.M.; DUKE, B.L. y AKEY, C.L. (2004). «Predicting high school students' cognitive engagement and achievement: Contributions of classroom perceptions and motivation». *Contemporary Educational Psychology,* 29, 462–482.

GREGERSEN, T.; MERCER, S.; MacINTYRE, P.; TALBOT, K. y BANGA, C.A. (2020). «Understanding language teacher wellbeing: An ESM study of daily stressors and uplifts». *Language Teaching Research,* 27(4), 1–22. https://doi.org/10.1177/1362168820965897

HEIJSTRA, T.M. y SIGURÐARDÓTTIR, M.S. (2018). «The flipped classroom: Does viewing the recordings matter?». *Active Learning in Higher Education,* 19(3), 211–223. https://doi.org/10.1177/1469787417723217

HERTZ, M.B. (10 de julio, 2012). «The flipped classroom: Pro and con». *Edutopia.* https://www.edutopia.org/blog/flipped-classroom-pro-and-con-mary-beth-hertz

HOUSTON, M. y LIN, L. (2012). «Humanizing the Classroom by Flipping the Homework versus Lecture Equation». En P. Resta (Ed.), *Proceedings of SITE 2012-Society for Information Technology & Teacher Education International Conference* (1177–1182). Association for the Advancement of Computing in Education (AACE). https://www.learntechlib.org/primary/p/39738/

HUANG, Y.N. y HONG, Z.R. (2016). «The effects of a flipped English classroom intervention on students' information and communication technology and English Reading comprehension». *Educational Technology Research and Development*, 64(2), 175–193. https://doi.org/10.1007/s11423-015-9412-7

HUNG, H.T. (2015). «Flipping the classroom for English language learners to foster active learning». *Computer Assisted Language Learning*, 28(1), 81–96. https://doi.org/10.1080/09588221.2014.967701

IYER, M.S. (2019). «Flipped English as a Second Language (ESL) Classroom Approach to Scaffold the Slow Learners». *Language in India*, 19(2).

JENSEN, J.L.; KUMMER, T.A. y GODOY, P.D.d.M. (2015). «Improvements from a flipped classroom may simply be the fruits of active learning». *CBE—Life Sciences Education*, 14(1), ar5. https://doi.org/10.1187/cbe.14-08-0129

JIN, J.; MERCER, S.; BABIC, S. y MAIRITSCH, A. (2021). «Understanding the ecology of foreign language teacher wellbeing». En K. Budzinska y O. Majchrzak (Eds.), *Positive Psychology in Second and Foreign Language Education* (19–38). Springer. https://doi.org/10.1007/978-030-64444-4_2

JOHNSON, L. y RENNER, J. (2012). *Effect of the flipped classroom model on a secondary computer applications course: Student and teacher perceptions, questions and student achievement.* [Tesis doctoral, University of Louisville]. E-Archivo. https://theflippedclassroom.files.wordpress.com/2012/04/johnson-renner-2012.pdf

KANG, N.H. (2015). «The comparison between regular and flipped classrooms for EFL Korean adult learners». *Multimedia-Assisted Language Learning*, 18(3), 41–72. https://doi.org/10.15702/mall.2015.18.3.41

KARIMI, M. y HAMZAVI, R. (2017). «The effect of flipped model of instruction on EFL learners' reading comprehension: learners' attitudes in focus». *Advances in Language and Literary Studies*, 8(1), 95–103. https://doi.org/10.7575/aiac.alls.v.8n.1 p. 95

KÖROĞLU, Z.Ç. y ÇAKIR, A. (2017). «Implementation of flipped instruction in language classrooms: An alternative way to develop speaking skills of pre-service English language teachers». *International Journal of Education and Development using ICT*, 13(2).

KRATHWOHL, D.R. (2002). «A revision of Bloom's taxonomy: An overview». *Theory into practice*, 41(4), 212–218. http://doi.org/10.1207/s15430421tip4104_2

KVASHNINA, O.S. y MARTYNKO, E.A. (2016). «Analyzing the potential of flipped classroom in ESL teaching». *International Journal of Emerging Technologies in Learning (iJET)*, 11(03), 71–73. https://doi.org/10.3991/ijet.v11i03.5309

LA PLACA, V.; McNAUGHT, A. y KNIGHT, A. (2013). «Discourse on wellbeing in research and practice». *International Journal of Wellbeing*, 3, 116–125. https://doi.org/doi:10.5502/ijw.v3i1.7

LEE, G. y WALLACE, A. (2018). «Flipped learning in the English as a foreign language classroom: Outcomes and perceptions». *TESOL Quarterly*, 52(1), 62–84. https://doi.org/10.1002/tesq.372

LI, S. y SUWANTHEP, J. (2017). «Integration of flipped classroom model for EFL speaking». *International Journal of Learning and Teaching*, 3(2), 118–123.

LOPES, A.P. y SOARES, F. (2018). «Perception and performance in a flipped Financial Mathematics classroom». *The International Journal of Management Education*, 16(1), 105–113. https://doi.org/10.1016/j.ijme.2018.01.001

MARLOWE, C.A. (2012). *The effect of the flipped classroom on student achievement and stress* [Tesis de máster, Montana State University]. http://eddatax.fed.cuhk.edu.hk/wp-content/uploads/2016/06/The-Effect-of-the-Flipped-Classroom-on-Student-Achievement-and-Stress.pdf

McCALLUM, F.; PRICE, D.; GRAHAM, A. y MORRISON, A. (2017). *Teacher Wellbeing: A Review of the Literature.* Association of Independent Schools of NSW, Sydney, Australia.

MERCER, S. (2020). «The wellbeing of language teachers in the private sector: An ecological perspective». *Language Teaching Research*, 27(5), 1–24. https://doi.org/10.1177/1362168820973510

MILLER, A. (2012). *5 best practices for the Flipped Classroom.* https://www.edutopia.org/blog/

flipped-classroom-best-practices-andrew-miller

MILMAN, N.B. (2012). «The flipped classroom strategy: What is it and how can it best be used?». *Distance learning*, 9(3), 85.

MOHAMMADI, J.; BARATI, H. y YOUHANAEE, M. (2019). «The Effectiveness of Using Flipped Classroom Model on Iranian EFL Learners' English Achievements and Their Willingness to Communicate». *English Language Teaching*, 12(5), 101–115. https://doi.org/10.5539/elt.v12n5p101

NAMAZIANDOST, E. y ÇAKMAK, F. (2020). «An account of EFL learners' self-efficacy and gender in the Flipped Classroom Model». *Education and Information Technologies*, 1-15. https://doi.org/10.1007/s10639-020-10167-7

NAMAZIANDOST, E.; NEISI, L.; MAHDAVIRAD, F. y NASRI, M. (2019). «The relationship between listening comprehension problems and strategy usage among advance EFL learners». *Cogent Psychology*, 6(1), 1–19. https://doi.org/10.1080/23311908.2019.1691338

OCDE. (2019). *PISA 2021 ICT framework*. https://www.oecd.org/pisa/sitedocument/PISA-2021-ICT-Framework.pdf

OISHI, S.; DIENER, E. y LUCAS, R. (2007). «The optimum level of well-being: Can people be too happy?». *Perspectives on Psychological Science*, 2, 346–360. https://doi.org/10.1007/978-90-481-2350-6_8

ÖZNACAR, B.; KÖPRÜLÜ, F. y ÇAĞLAR, M. (2019). «The success of implementing flipped classroom in teaching foreign language for international students». *BRAIN. Broad Research in Artificial Intelligence and Neuroscience*, 10(2), 151–158.

PARRA-PÉREZ, D.A. y MEDINA-RIVEROS, R.A. (2014, noviembre). «Unleashing the power of blended learning and flipped classroom for English as a foreign language learning: Three spheres of challenges and strategies in a higher education institution in Colombia». En *Proceedings of ICERI2014 Conference 17th-19th November*. https://doi.org/10.13140/RG.2.1.2559.2725

PIERCE, R. y FOX, J. (2012). «Vodcasts and Active-Learning Exercises in a "Flipped Classroom" Model of a Renal Pharmacotherapy Module». *American Journal of Pharmaceutical Education*, 76(10). https://doi.org/10.5688/ajpe7610196

PRICE, D. y MCCALLUM, F. (2015). «Ecological influences on teachers' wellbeing and "fitness"». *Asia-Pacific Journal of Teacher Education*, 43, 195–209.

RAMIREZ, M. (2018). «Flipping a Pronunciation Lesson for a Teacher Training Course». En J. Mehring y A. Leis (Eds.), *Innovations in Flipping the Language Classroom* (45–57). Springer. https://doi.org/10.1007/978-981-10-6968-0_4

ROFFEY, S. (2012). «Pupil wellbeing-teacher wellbeing: Two sides of the same coin?». *Educational and Child Psychology*, 29, 8–17.

ROTH, C. y SUPPASETSEREE, S. (2016). «Flipped classroom: can it enhance English listening comprehension for pre-university students in Cambodia». *Proceedings of Classic: Learning in and beyond the Classroom: Ubiquity in Foreign Language Education*

SHAFFER, S. (2016). «One high school English teacher: on his way to a flipped classroom». *Journal of Adolescent & Adult Literacy*, 59(5), 563–573. https://doi.org/10.1002/jaal.473

SHIMAMOTO, D. (2012). «Implementing a Flipped Classroom: An Instructional Module». [Presentación de Powerpoint]. Technology, Colleges, and Community Worldwide Online Conference. http://hdl.handle.net/10125/22527

Skooler (5 de diciembre, 2018). «The "flipped classroom" supports multiple styles of learning». *Skooler*. www.skooler.com/the-flipped-classroom-supports-multiple-styles-of-learning/

SNOWDEN, K.E. (2012). *Teacher perceptions of the flipped classroom: Using video lectures online to replace traditional in-class lectures* [Tesis de máster, University of North Texas]. https://digital.library.unt.edu/ark:/67531/metadc149663/

SOLIMAN, N.A. (2016). «Teaching English for Academic Purposes via the Flipped Learning Approach». *Procedia. Social and Behavioral Sciences*, 232, 122–129,

STEED, A. (2012). «The flipped classroom. *Teaching Business & Economics*, 16(3), 9.

STONE, B.B. (2012). *Flip Your Classroom to Increase Active Learning and Student Engagement* [Comunicación en congreso]. 28th Annual Conference on Distance Teaching & Learning, Madison.

SURANAKKHARIN, T. (2017). «Using the flipped model to foster Thai learners' second language collocation knowledge». *3L: Language, Linguistics, Literature*, 23(3). https://doi.org/10.17576/3L-2017-2303-01

TALBERT, R. (2012). «Inverted Classroom». *Colleagues*, 9(1). http://scholarworks.gvsu.edu/colleagues/vol9/iss1/7

TUCKER, B. (2012). «The flipped classroom: online instruction at home frees class time for learning». *Education Next*, 12(1), 82. https://link.galegroup.co

UCHIDA, Y.; OGIHARA, Y. y FUKUSHIMA, S. (2015). «Cultural construal of wellbeing: Theories and empirical evidence». En W. Glazer, L. Camfield, V. Moller, M. Rojas (Eds.), *Global Handbook of Quality of Life* (823–837). Springer.

UMUTLU, D. y AKPINAR, Y. (2020). «Effects of Different Video Modalities on Writing Achievement in Flipped English Classes». *Contemporary Educational Technology*, 12(2). https://doi.org/10.30935/cedtech/7993

WANG, Z.; BERGIN, C. y BERGIN, D.A. (2014). «Measuring engagement in fourth to twelfth grade classrooms: The classroom engagement inventory». *School Psychology Quarterly: The Official Journal of the Division of School Psychology, American Psychological Association*, 29(4), 517–35.

WATANABE, Y. (23-26 de noviembre, 2014). *Flipping a Japanese language classroom: seeing its impact from a student survey and YouTube analytics* [Comunicación en congreso]. *Rhetoric and reality: Critical perspectives on educational technology*. Dunedin, New Zealand. http://ascilite.org/conferences/dunedin2014/files/concisepapers/325-Watanabe.pdf

WU, W.C.V.; HSIEH, J.S.C. y YANG, J.C. (2017). «Creating an online learning community in a flipped classroom to enhance EFL learners' oral proficiency». *Journal of Educational Technology & Society*, 20(2), 142–157.

YANG, C.C.R. y CHEN, Y. (2020). «Implementing the flipped classroom approach in primary English classrooms in China». *Education and Information Technologies*, 25(2), 1217–1235. https://doi.org/10.1007/s10639-019-10012-6

YEO, M. (2018). «Flipping or flopping: Lessons learnt from flipping a course for ASEAN teachers of English». En J. Mehring y A. Leis (Eds.), *Innovations in Flipping the Language Classroom: Theories and Practices* (23–44). Springer Nature.

YIN, H.; HUANG, S. y WANG, W. (2016). «Work environment characteristics and teacher well-being: The mediation of emotion regulation strategies». *International Journal of Environmental Research and Public Health*, 13(9), 1–16.

ZAINUDDIN, Z. (2017). «First-Year College Students' Experiences in the EFL Flipped Classroom: A Case Study in Indonesia». *International Journal of Instruction*, 10(1), 133–150.

ZOU, D. (2020). Gamified flipped EFL classroom for primary education: Student and teacher perceptions». *Journal of Computers in Education*, 7, 213–228. https://doi.org/10.1007/s40692-020-00153-w